AF619794

MANUAL DEL GUARDAVIDAS DE MAR

DIEGO CHAVARRI

MANUAL DEL GUARDAVIDAS DE MAR

Chavarri, Diego
Manual del guardavidas de mar / Diego Chavarri. - 1a ed . - Ciudad Autónoma de Buenos Aires : Autores de Argentina, 2019.
290 p. ; 21 x 15 cm.

ISBN 978-987-87-0115-8

1. Capacitación Profesional. I. Título.
CDD 378.013

EDITORIAL AUTORES DE ARGENTINA
www.autoresdeargentina.com
Mail: info@autoresdeargentina.com

Queda hecho el depósito que establece la LEY 11.723
Impreso en Argentina – *Printed in Argentina*

ÍNDICE

PRÓLOGO DEL AUTOR 11

PRÓLOGO DEL PROF. DANIEL CÓRDOBA 13

1. VOCACIÓN 15

2. ACTITUD Y APTITUD 20

3. ALGO DE HISTORIA 22

4.GEORGE FREETH EL PADRE DE TODOS LOS GUARDAVIDAS 26

5. BAÑEROS VS GUARDAVIDAS 32

6. RELACIÓN CON EL MEDIO ACUÁTICO 36

7. LAS COMPETENCIAS DE GUARDAVIDAS 39

8. MEJORA CONTINUA 45

9. EL MEJOR TRABAJO DEL MUNDO 47

10. LA PRIMERA GUARDIA DE NUESTRA VIDA 51

11. PUNTUALIDAD Y CONCIENCIA 55

12. EL TRATO ENTRE COLEGAS 58

13. MUELLES, ESPIGONES, PIEDRAS, ROCAS, ISLOTES Y TRASMALLOS. 61

14. USO DE TELÉFONOS CELULARES Y SMARTPHONES 65

15. UNIFORME 67

16. IMAGEN Y COMPORTAMIENTO 69

17. ALIMENTACIÓN 71

18. ABRIGO 73

19. ANTEOJOS DE SOL 75

20. EL SOL 77

21. PRISMÁTICOS LARGAVISTAS ... 79
22. CASETAS O REFUGIOS ... 82
23. COMUNICACIÓN ... 85
24. LA LLAMADA ANTE EMERGENCIAS ... 89
25. LOS CÓDIGOS DE SEÑALES ENTRE GUARDAVIDAS ... 92
26. TERMINOLOGÍA ... 96
27. VIGILANCIA Y TRABAJO EN TORRE O MANGRULLO ... 99
28. DETECTAR A UNA VÍCTIMA ... 101
29. DESARROLLO DEL RESCATE ... 105
30. LAS FASES DE UN RESCATE ... 108
31. CUANDO INTERVENIR. PATRULLAJE ... 112
32. TRABAS Y ZAFADURAS ... 114
33. NOCIONES BÁSICAS DE BUCEO EN APNEA ... 116
34. BÚSQUEDA Y RECUPERACIÓN DE VÍCTIMA SUMERGIDA ... 119
35. HIPOTERMIA ... 122
36. INGRESO AL MAR CON ELEMENTO DE RESCATE. NUDOS ... 132
37. EL USO DE KAYAK PARA RESCATES ... 135
38. TABLA DE RESCATE Y SALVA SURF ... 144
39. RESCATE NÁUTICO ... 154
40. BICICLETAS PARA RESCATES ... 157
41. RUNNING, EL DEPORTE COMPLEMENTARIO ... 159
42. ELEMENTOS DE RESCATE TRADICIONALES ... 170
43. MALACATE ... 172
44. ROSCA SALVAVIDAS ... 176
45. SALVAVIDAS TUBULARES O TORPEDOS ... 181
46. CINTURÓN DE RESCATE (SUNCHO) ... 184

47. ALETAS ... 186

48. MARPA ... 189

49. VIEJOS Y NUEVOS INVENTOS. LOS PERROS GUARDAVIDAS ... 190

50. USO DE TABLA ESPINAL ... 192

51. DEPORTES CONTRAINDICADOS. LAS LESIONES MÁS FRECUENTES ... 197

52. CONCEPTO DE PREVENCIÓN ... 201

53. VIENTOS, MAREAS, SUELO MARINO Y CORRIENTES DE RETORNO ... 204

54. LOS CÓDIGOS DE BANDERAS Y SU DINÁMICA ... 221

55. EL DÍA DEL GUARDAVIDAS EN ARGENTINA ... 225

56. ORGANIZACIÓN BÁSICA DE UN OPERATIVO DE SEGURIDAD EN PLAYA ... 227

57. ORGANIZACIÓN DE SIMULACROS ... 234

58. CARTELERÍA, MEGÁFONOS Y CAMPAÑAS DE COMUNICACIÓN ... 242

59. LOS PELIGROS FUERA DEL MAR ... 246

60. CONCEPTO DE PRIMEROS AUXILIOS ... 250

61. LAS MEDUSAS O "AGUAVIVAS" ... 255

62. RCP Y USO DE DESFIBRILADOR EXTERNO AUTOMÁTICO (DEA) ... 258

63. EL "BOLSO DE VÍA AÉREA" ... 265

64. EL TRABAJO CON LOS ASPIRANTES A GUARDAVIDAS ... 267

65. LA REVÁLIDA DE CADA AÑO ... 270

66. RANKING DE INGRESO ... 272

67. FRASES QUE NOS DEFINEN ... 276

68. EL GUARDAVIDAS DE MAR ... 285

AGRADECIMIENTOS Y DEDICATORIA ... 287

PRÓLOGO DEL AUTOR

Querido lector, de a poco fui escribiendo este pequeño compendio de conocimientos que ahora llegan a tus manos y que no son míos ni de nadie en especial. Estaban ahí cuando hace 28 temporadas me colgué por primera vez un silbato y allí seguirán cuando deje mi lugar a alguien más joven. Simplemente los intento transmitir en un lenguaje llano, con el tinte de experiencias propias y ajenas, para ahorrarles malos momentos a nuevos guardavidas, con el afán de marcar un recorrido que sé fehacientemente que es el correcto, el sendero más corto si se quiere para alcanzar el éxito en este hermoso, apasionante, absorbente, adictivo y vocacional trabajo de salvar vidas.

Se trata de utilizar todas las herramientas disponibles y tratar de alcanzar a las menos disponibles también, para lograr el objetivo de mejora continua, desarrollar todas nuestras capacidades, las más escondidas y las que están a flor de piel. Hablo de las capacidades físicas, mentales y de organización grupal; entrenarlas, dominarlas a la perfección y cuidar mucho que no se oxiden con los años o la falta de práctica, y por último incorporar todos los buenos hábitos que nutren y nos dan continuidad en el tiempo, en esta profesión o modo de vida que es *ser guardavidas*.

La palabra *profesar* viene del latín y significa "practicar una religión o ejercer un oficio" y tiene que ver con *declarar lo que uno es y trasmitirlo públicamente.* El profesional está *profesando*, haciendo con sus actitudes y conducta una declaración o demostración pública que habla también de sus valores, convicciones y no sólo de sus conocimientos adquiridos en un curso. Ser un profesional es mucho más que haberse recibido de cualquier carrera, incluida la nuestra que pudo haber sido inducida por mandato familiar, curiosidad, la serie Baywatch o vaya a saber qué idea.

El verdadero profesional guardavidas profesa su vocación dentro y fuera de la playa, sea o no verano, porque no lo puede evitar; él es así, su personalidad es así y tendrá algo dentro suyo que lo lleve a hacerse cargo de situaciones relativas a la seguridad, de modo que este trabajo le cae como anillo al dedo.

Apoyado en ejemplos, situaciones reales, ideas de quienes estuvieron antes que yo acá o en otros países, (porque viajando descubrí que todos los guardavidas nos parecemos mucho), a lo largo de las páginas voy a ir delineando el perfil de un modelo de guardavidas, adaptado a la realidad de nuestro mar argentino que, repito, no es invento mío, está en el folklore de nuestra joven profesión, en nuestras playas y sólo faltaba que alguien lo deje por escrito.

PRÓLOGO DEL PROF. DANIEL CÓRDOBA

Ser un protector de vidas en natatorios, río o mar.

Para aquellos que no lo han vivenciado nunca, a simple vista, aparentemente, ser guardavidas sería cumplir sólo unas horas de "vacaciones pagas", de ser el centro de atención en un lugar en el cual nadie se destaca por sobre el resto.

Lamento decirles que no es así.

Detrás de cuerpos bronceados y entrenados hay una responsabilidad máxima: velar por la vida.

En un segundo, aquello que parece ser una jornada más de calma, pasa a ser un momento de corridas, gritos, histeria y tensión total.

Hay una o unas vidas que, entre el seguir existiendo o no, sólo dependerán de la mente, el alma y el cuerpo de otro u otros seres humanos que con el costo de sus propias vidas se jugarán el todo por el todo, ni más ni menos que para vivir o morir.

Pasan los años y los guardavidas van sintiendo una extraña y única sensación, tan incomparable que los aferrará toda la vida a no poder abandonar esa profesión.

El hecho de estar alerta y "adrenalínico" 2, 3, 4 o 5 meses al año deriva en una necesidad superior, y así vemos como este trabajo sagrado se transforma, poco a poco, en un vicio insuplantable.

Todos piensan que el fútbol o la política fueron mis mejores ocupaciones. Error: Mis años de docencia más ser GUARDAVIDAS, junto a ser padre, fueron los momentos más maravillosos y de mayor plenitud de mi vida.

Prof. Daniel Córdoba

1. VOCACIÓN

No hay nada como salvar una vida humana, nada se le parece. Esto lo entendemos quienes pasamos por esa experiencia. Uno no vuelve a ser el mismo y tampoco lo son las víctimas rescatadas. Cuanto más límite haya sido la experiencia, mayor será este cambio, que es para toda la vida. En los rescatadores hace que nos valoremos más a nosotros mismos y a nuestro propio potencial, casi siempre menospreciado. Y esa persona que se estaba ahogando también sufrirá cambios, básicamente porque sea consciente de ello o no, volvió a nacer. Hay quienes reflexionan acerca los valores que los mueven en su día a día, otros valoran cada momento sabiendo de lo rápido que nos puede ser quitado todo, en un segundo y en el lugar menos previsto, incluso durante las vacaciones. Creo que en ello radica la adicción que nos genera esta profesión. Muchas otras salvan vidas humanas, pero lo que hace mágico a nuestra labor es que lo hacemos casi sin más recursos que nuestro cuerpo y de manera repentina, sin que medie ningún anticipo de lo que vendrá, obligándonos a permanecer alertas siempre y en todo momento. Y si nuestro cuerpo es la herramienta para rescatar, nuestra mente lo es para prevenir, lo que hace más agradable aún la sensación de cuidar al prójimo que desarrollamos y que nos acompaña cuando el frío empieza a acechar y las temporadas tocan su fin. Nos acompaña todo el resto del año, hagamos lo que hagamos, y nos acompañará el resto de la vida.

Nada hay como salvar una vida humana, sea una o mil, uno influyó en la vida de una o varias personas hasta ese momento desconocidas y lo hizo de la forma más extrema y sin esperar nada a cambio, entregándose al cien por cien como si se tratara del ser más querido. Por eso digo que nadie hace esto sólo por dinero, acá hay una vocación detrás. Lo sé por mis colegas y por lo que me pasa a mí mismo, sin ir más lejos: siempre quise ser guardavidas.

La primera vez que vi una pileta figura entre mis primeros recuerdos. Mi madre nos llevó a mi hermano y a mí al club Gimnasia y Esgrima de La Plata porque empezaba el verano. Entre eucaliptos gigantes, pérgolas, columnas griegas y glorietas con enredaderas, se encuentran las dos piletas donde me crie. Cuando me asomé a la pileta más pequeña, de 25 metros, y donde los niños más bajos hacen pie en toda su extensión, me abracé a la reja y no la solté hasta que me dejaron entrar un ratito, aún sin revisación médica. Creo que si la joven que estaba en la entrada no hacía la excepción y me dejaba pasar, todavía estaba abrazado a la reja, porque no pensaba soltarme si no me dejaban entrar en ese instante. La amplitud de esa pileta, mucho más grande que la de lona de mi casa, me volvía loco de alegría. La ausencia de gravedad en el agua, poder saltar para todos lados y que los bordes sigan lejos de uno; perderse de la mirada de los adultos buceando de un lado a otro, todavía recuerdo esos primeros encantos. Sumergirme, escurrirme entre la gente, salir por un borde, saltar y recorrer cada azulejo del fondo, encontrar chapitas, cadenitas... No podía creer que todo eso existiera. Casi no dormí esa noche esperando a que se hiciera de día y volver a ese paraíso. Todavía le agradezco a mi padre que haya llevado cada día del verano con paciencia y a mi madre que se clavaba el resto del día, esperándome con amor. Aprendí a nadar en tiempo record y nada tardé en ingresar al inalcanzable equipo de natación del club, vestir el uniforme de "los nadadores", competir y vagar por el club como si fuera mi casa. Entrenábamos toda la mañana y la tarde la pasaba con el guardavidas de "la pileta grande" de 50 metros, que era también mi entrenador del equipo, nada menos que el Profe Córdoba, que luego se dedicaría al fútbol, llegando a ser DT de primer nivel de Argentina y Latinoamérica. También fue mi padrino en la vida y en esta profesión que supe que quería para siempre. Tuve muchísima suerte de haber caído en esa pileta, con ese entrenador que nos inculcó el deporte, la auto superación, el orgullo de pertenecer a un equipo y el valor de seguir un sueño y de ser auténtico con uno mismo. Directo, frontal y buen hombre, nos hablaba de estas y otras cosas en la ronda de cada final de jornada. Recuerdo verlo nadar mariposa antes del cierre de la pileta, cuando no quedaba nadie porque el sol ya se iba. Ejemplar entrenador, nos mechaba charlas de técnicas de natación con conceptos de vida, de cuidado de los más pequeños, alentaba a los más débiles y criticaba a los más destacados que no dejaban todo en las carreras.

Entre entrenamientos, lo que hacía era saltar de la pileta de 50 metros a la pequeña y dedicarme a hacer lo que más me gustaba: cuidar que nadie se ahogue. Por supuesto que esto era casi imposible, no por el guardavidas de 6 años que era yo, sino porque hasta los más bajitos hacían pie; pero mi trabajo en ese entonces no se limitaba a cuidar el agua, también advertía a las señoras que se dormían al sol y pedía a los niños que no corrieran mojados por el borde. Me metía al agua y nadaba bien a la vista de todos, para que admiraran mi técnica, mi largada profesional desde el borde casi sin salpicar agua. Igual que los más visionarios de mis compañeritos del equipo decía que, cuando fuera grande, quería ser guardavidas.

Pasaron los años y llegó el momento de hacer el curso, con 17 años cumplidos lo agarré al Profe Córdoba (¿quién otro me iba a poder aconsejar mejor?) y, muy ceremonioso como siempre, me dijo otra de sus grandes verdades:

—"Diego, ningún guardavidas que trabajó en el río volvió a la pileta y ninguno que haya trabajado en el mar volvió jamás al rio. No pierdas tiempo y arrancá en el mar."

Así fue que, el verano siguiente, habiendo terminado el curso de guardavidas, cumplí dos meses completos, en lugar de la semana obligatoria de guardias en las playas de Las Toninas, donde mi familia tenía casa.

Pasaron 30 años de esa charla y 28 temporadas seguidas, completas en el océano, no en el mar, sino en el océano que tengo enfrente, porque es mar abierto, infinito hacia el frente y hacia los costados de mi playita. Sigo dando las gracias, las muchas gracias a mi entrenador y padrino y trato de transmitir esa misma vocación a cada aspirante a cargo o a cada guardavidas que le toca trabajar cerca de mí. Es una buena forma de devolver esto que aprendí de niño y que disfruto de grande.

Nadie sin mucha vocación realiza este trabajo por mucho tiempo. Los sueldos son muy bajos en relación con la responsabilidad y los gastos que tenemos. Sostenerlo en los años trae poco progreso económico y cuesta dinero y tiempo llegar bien entrenado al verano; por eso requiere de tanta vocación en este mundo de hoy donde al éxito personal se lo se mide por lo que se tiene y no por lo que se hace. Se paga mucho, demasiado derecho de piso para poder ingresar y después para mantenerse en la playa. Se resignan ascensos en los trabajos de invierno que requieren permanencia y menores vacaciones, favores a compañeros y malabares en las empresas, que soportan nuestra ausencia sagrados del verano, sabiendo que se compensarán, trabajando feriados, fines de semana y horas extras, dobles turnos, lo que haga falta para poder seguir volviendo el verano siguiente. Así es nuestra vida; parece un sacerdocio y yo digo que sí, que lo es. Un sacerdocio con grandes sacrificios y responsabilidades. He visto a compañeros perdiendo novias, ascensos, trabajos. Hay algo irracional en lo que hacemos, difícil de poder explicar esto de cuidar o salvar la vida de un semejante con nada más que nuestro cuerpo. Debe ser difícil porque la vocación tiene que ver con nuestro ADN, nuestra composición, para esto estamos hechos. Nace desde nuestro ser, no de una elección consciente. O se escucha a nuestra vocación, o se la ignora y se toma el camino más fácil y menos dificultoso que nos ofrezca la sociedad. Al igual que una víctima que se está ahogando, se pelea mucho o se pelea poco por seguir esa vocación y esos sueños de vivir de lo que nos gusta hacer. Podés tranquilamente dejarte arrastrar por cualquiera de los convencionalismos y ser uno más y nadie te lo va a impedir, muy por el contrario, te van a felicitar por ser un tipo responsable, racional. Y chau trabajo soñado, bienvenida pancita cervecera y piernas más flaquitas, porque ya no hará falta entrenar tanto...y vas a poder decir "alguna vez fui guardavidas", aunque algunos no te lo crean. Esa elección es la que más tarde o más temprano tendrás que hacer.

Como dijera el General San Martín: "Serás lo que debas ser, o no serás nada."

2. ACTITUD Y APTITUD

Como vengo diciendo, el nuestro no es un trabajo que pueda llevarse adelante sin una gran vocación, lo que implica ACTITUD HACIA LA TAREA QUE VAMOS A TENER ENTRE MANOS.

Se puede ser el mejor nadador y atleta del condado, pero si me distraigo por falta de interés en mi labor diaria de guardar vidas, (que no es lo mismo que entrenar y competir), será mejor que me dedique a eso, a entrenar y competir porque nuestro trabajo ES MUCHO MAS que eso. CUIDAMOS LA VIDA DE LA GENTE. Entrenar es sólo una parte de ello y está lejísimos de ser lo más importante. Lo más importante en un guardavidas es ESTAR ATENTO. Atento a todo y en todo momento. Con viento, lluvia o sol máximo. Previniendo, anticipando la jugada, complementándose con sus colegas, trabajando en equipo. Todo esto tiene que ver con la ACTITUD indispensable en nuestra función.

Luego viene la APTITUD que se la nombra después porque la APTITUD se puede conseguir entrenando, no se trae en el ADN como la ACTITUD. Se puede conseguir entrenando con voluntad, sistemáticamente y, a diferencia de los deportes de equipo o de habilidad, con la sumatoria de entrenamientos, podemos progresar y ser profesionales en una determinada APTITUD, es hacia donde debemos apuntar. La cuenta es muy sencilla: más horas se entrena, más rápido se llega a una víctima. Más rápido llego a una víctima:

más tranquilo duermo a la noche, sabiendo que dejo todo lo que puedo para ser mejor en mi profesión.

Entrenar metódicamente en invierno para estar muy bien en verano y poder disfrutarlo en vez de padecerlo. Como decía el hermano José Hernández en su Martín Fierro en su glosa gauchesca:

"Las armas son necesarias,
pero naides sabe cuándo.
ansina si andás pasiando,
y de noche sobre todo, debés llevarlo de modo,
QUE AL SALIR, SALGA CORTANDO"

Afilarnos es sinónimo de entrenar y entrenar y entrenar. Así y sólo así se llega bien al verano. Luego con el paso de las temporadas, la experiencia y el entrenamiento acumulado, el conocimiento de nuestro propio cuerpo y de la preparación apropiada a cada uno nos darán un poco más de margen, compensando esos segundos que el reloj biológico nos sacan con los años. Esta suma de experiencia pasará a formar parte del listado de APTITUDES que cada uno posee.

Sobre el resto de las capacidades que este trabajo requiere es poco lo que se puede hacer. No podemos aumentar la visión o el oído, pero sí podemos entrenar y superarnos para lograr nuestra mejor versión.

3. ALGO DE HISTORIA

Hermosa y reciente costumbre esto de veranear en la playa. Si pensamos que hasta el 1800 era impensado y no existían los trajes de baño, mucho menos imaginaremos puestos de guardavidas en aquellos años. De hecho los datos que tenemos hablan de los primeros cuerpos de socorrismo en China (1708), Holanda (1767) y EEUU (1786, Massachussets), dedicados más a los marineros naufragados que a los bañistas, con quienes se limitaban a colocar carteles preventivos a la par que organizaban puestos y estaciones con botes de rescate y lanzamiento de cuerdas, para recobrar víctimas y aplicarles los primeros auxilios de aquella época, que consistían en métodos muy básicos y empíricos, donde lo más importante era darles calor y posterior refugio a las víctimas rescatadas en espacios especialmente construidos a tales efectos. Patrullajes nocturnos con faroles por los barcos encallados, aros salvavidas con tela en el medio y dos agujeros para meter las piernas (*calzones salvavidas*) fueron nuestros primeros pasos en la organización y tecnología, que no iba más allá de bengalas, para orientar a capitanes de embarcaciones que se habían perdido en la oscuridad y que se rescataban mayoritariamente a remo.

Ya para 1878 y gracias a los esfuerzos de los pioneros de nuestra profesión, los países más organizados se reúnen en el Primer Congreso Mundial de Salvamento Acuático que tuvo sede en Marsella, una ciudad del sur de Francia, y es la primera vez que varias naciones de manera independiente buscan intercambiar y nutrirse de conocimientos en la materia.

A partir de ahí comienzan a fundarse diferentes organizaciones en todo el mundo, coincidiendo con el nuevo hábito de las vacaciones en la playa, costumbre que surge con la revolución industrial y que antes no existía. Estar broceado ya no era signo de trabajador de poca cuantía que se parte la espalda al aire libre, sino de ocio, de tiempo libre de una clase social acomodada, que deja de viajar al campo, para veranear en exclusivas playas, con crecientes comodidades, en las cadenas de hoteles que comienzan a multiplicarse y así es como, a principios de 1900, aparecemos nosotros, salvavidas en mano, en esta nueva, joven, rara y apasionante profesión.

En Australia toma un tinte más competitivo con pruebas locales no unificadas y bajo la forma de Clubes de Salvamento Acuático, introduciendo la idea del deporte y la competencia dentro de esta nueva labor de rescatadores. Mientras tanto, en EEUU, con un carácter menos amateur y mayor intervención del estado, se organizan los primeros operativos serios de Seguridad en Playa, puntualmente en Los Angeles, California.

En paralelo, en Europa, se crea una asociación con base en Francia que, junto a varios países de la región, buscan unificar criterios y fijar las bases para el objetivo que aún perseguimos: achicar la cantidad de víctimas de muerte por ahogamiento, aprovechando las nuevas experiencias que cada país trae a las reuniones. Para 1914, la La Federation Internationale de Sauvetage Aquatique ya contaba con 30 miembros plenos de cada organización nacional.

El mismo año, la Cruz Roja de EEUU convoca al Comodoro Longfellow, para que organice y dirija los programas de natación, seguridad y salvamento acuático en todo el país, por medio de los cuales se establece el Servicio de Salvavidas de la Cruz Roja Americana y el Programa Juvenil de Salvavidas.

El 24 de febrero de 1993, el FIS y la World Life Saving (las dos organizaciones que a nivel mundial congregaban a distintos países miembros de todos los continentes) se fusionaron como un único organismo global internacional de rescate acuático, conocido como "FEDERACIÓN INTERNACIONAL DE SALVAMENTO ACUATICO" ILS. International Life Saving fue establecido oficialmente por una junta general en Cardiff, Gales, Reino Unido, el 3 de septiembre de 1994. Desde entonces y hasta la actualidad, ILS es la única entidad en este ámbito a nivel mundial que se dedica a investigar, difundir y regular nuestra actividad de guardavidas, tanto en lo profesional como en lo deportivo.

¿Cómo fue la historia en Argentina?

Cuenta la historia que en 1928, comenzó a funcionar el primer de puesto de guardavidas en el Balneario Los Angeles, en Olivos, y, en 1935, la Cruz Roja comienza a dictar los cursos de guardavidas.

Yendo a lo que nos interesa, que es el desarrollo de esta profesión en el mar, varios años antes, a finales de 1800, en las playas de Mar del Plata, debido a la fuerza del oleaje, un grupo de hombres fuertes, sin ninguna formación más que su valentía y habilidades en el mar, protegía a las damas y niños, en formación de círculo, mientras se vestían (llamados "caperos" por las capas con que las cubrían) y se bañaban, a veces asidas a sogas, para no ser empujados mar adentro y así es como nacen los *bañeros*, a quienes volveré a referirme más adelante, iniciadores de nuestra profesión en las playas marinas de Argentina.

4.GEORGE FREETH
EL PADRE DE TODOS LOS GUARDAVIDAS

Imposible continuar con este manual sin dedicarle un capítulo al más grande de nuestros antecesores.

George Freeth nacía en Oahu, Hawaii, capital mundial de las grandes olas, un 9 de noviembre de 1883. Mitad de su sangre hawaiana y mitad irlandesa, su abuelo fue Ministro de EEUU en Hawái y como era de esperar por su ascendencia, se crio más tiempo en el agua que en tierra. Años aquellos sin televisión ni radio, los espectáculos más impresionantes se centraban en festivales sobre la playa, donde George, que ya era el capitán del equipo de natación, se lucía como clavadista y se destacaba por sobre los demás surfers. Fue allí donde trabó amistad con el que luego sería el más famoso escritor de EEUU, Jack London quien más tarde lo popularizaría en el continente y lo admiraría para siempre por sus clases de surf. De la mano de Ford, un empresario promotor del surf local, planeó su viaje para promocionar el surf en la inauguración del trayecto ferroviario Los Ángeles-Redondo-Huntington, que en ese momento contaban con más baldíos que construcciones sobre su costanera, aunque al poco tiempo y gracias a los trenes, y la invención de los autos, se poblaría y cambiaría su fisonomía para siempre.

Tabla de madera bajo el brazo, el 3 de julio de 1907 a los 23 años, este consagrado guardavidas y héroe local se despide de su Hawái natal con sendas notas en las primeras planas locales y se muda a estas nuevas playas californianas para difundir el surf, donde comenzó a deslumbrar a propios y extraños con sus destrezas sobre las olas, alternando estas demostraciones donde reclutaba adeptos, con sus clases de natación y de buceo, en paralelo al avance inmobiliario de la zona. Se puede decir que fue él quien llevó el surf a California, y de allí a todo EEUU, revirtiendo lo que anteriormente habían hecho los misioneros cristianos prohibiendo el surf en Hawái por considerarlo de baja estatura moral en su cruzada "civilizadora".

Debido a la migración que comenzaba a darse, de las piletas a la playa, ése mismo año le encargan a esta maravilla hawaiana que se había puesto de moda, la creación del primer cuerpo de guardavidas en Venice Beach, Santa Mónica. Logra juntar 28 voluntarios, siendo los precursores de los operativos de seguridad en Playa de otros distritos tan importantes como San Diego, Redondo, Huntington Beach, etc. No hay que olvidarse que en aquel momento al mar se lo veía con temor y la gente no se bañaba como ahora. Los rescates eran mayormente producto de naufragios.

Justamente su rescate más famoso ocurrió al año siguiente, en 1908, cuando en presencia de una terrible tormenta, y ante la imposibilidad de meter un bote de rescate para socorrer a un pesquero japonés por el tamaño de las olas, él solo y durante más de dos horas logra rescatar con vida a 7 de los pescadores. Preocupados por la temperatura del agua, los espectadores de esta hazaña lo vieron salir de este mar furioso, con un cuadro de hipotermia severa, a riesgo de su propia vida, pero a flote y con sus tres últimas víctimas a salvo. En gratitud, la villa cercana de pescadores de donde provenían los rescatados cambia su nombre por Port Freeth, y las autoridades le hacen entrega de la mayor condecoración de EEUU a civiles, la Medalla de Oro del Congreso.

Pero lo más importante no fue esto, si no que a partir de esta experiencia logró demostrar algo que venía sosteniendo, que es mejor un guardavidas entrenado a un pesado bote de rescate lleno de tripulantes, que también pueden convertirse en víctimas.

Su conocimiento profundo del mar, sin dudas influenciado por su crianza en la cuna del surf, donde no se lucha contra las mareas, sino que se fluye junto a ellas, le permitieron enseñar una técnica que todavía hoy usamos para rescatar gente en los chupones o Rip Currents: Nadar a favor de la corriente dentro del chupón, aprovechando su impulso, y salir con la víctima por los laterales una vez que pierde fuerza. Esto fue clave para crear los primeros servicios de guardavidas entrenados en técnicas de surf, imponer la tabla como un elemento de rescate y ahorrar los cientos de víctimas mortales que se sucedían año tras año.

Pasaban las temporadas y sus resultados eran perfectos. ¿Quiénes eran sus guardavidas? Equipos enteros de waterpolo, que él mismo capitaneaba en piletas de clubes locales donde se cuenta que era el mejor jugador de la costa oeste.

En 1913 sufre un accidente en moto, originando una fractura de tobillo que lo aleja de la práctica pero no de la dirección deportiva. En su rol de entrenador, descubre e impulsa a dos leyendas del deporte y del cine: Johnny Weisstmüller, quien sería futuro campeón olímpico de natación y personaje de Hollywood como el más recordado Tarzán; y a Esther Williams, eximia nadadora especialista en nado sincronizado y futura actriz estrella de más de 30 famosas películas. En contra de los prejuicios de la época, en la pileta cubierta de Redondo Beach que cuidaba, él entrenaba y enseñaba tanto a varones como a mujeres, tal es el caso de Dolly Mings, que a tres años de comenzar fue campeona nacional en 50 yardas.

En 1918 le piden que arme un operativo en Ocean Beach, a 7 km del centro de San Diego, una playa famosa por las corrientes de retorno, gigantes rip currents o chupones que una semana atrás les había costado la vida a 13 personas en el mismo día. Fue su última misión, totalmente exitosa y con cero ahogados al finalizar el verano.

Un año después, el 7 de abril de 1919 caería víctima de la epidemia de influenza que azotó al mundo y se llevó millones de víctimas.

Fue el primer guardavidas de mar. Revolucionó todas las técnicas conocidas reemplazando botes y marineros por guardavidas más rápidos y efectivos en los rescates, a quienes entrenó en primeros auxilios, reanimación y en otra actividad que desconocían o no tenían en cuenta... ¡Correr por la arena! El evaluó que estas dos capacidades eran fundamentales a la hora de hacer nuestra labor más eficiente...hace más de 100 años...

Todo su trabajo poco o mal remunerado, más por voluntarismo que por dinero, fue llegando a momentos de una magra economía personal, siendo muy reconocido en lo público y muy poco en lo material, se autodefinía como un hombre de aventuras, no de dinero, e hizo grandes esfuerzos por sostener esta vocación que traía en el alma.

Fue él quien introdujo el patrullaje en las playas, utilizando el primer modelo de cuatriciclo que se conoce con este fin: Una moto Harley Davison con un sidecar donde llevaba adosado un torpedo. Si, leyeron bien...un torpedo salvavidas. También se le adjudica ser el primero en popularizar este elemento que se llamaba Rescue Can, o lata de salvamento. Cuentan que mediante llamados de alerta de los pobladores y turistas, él podía llegar en menos de tres minutos con este nuevo vehículo para realizar los rescates de las playas de South Bay.

Pasaría el tiempo y otros pioneros lo imitarían. Duke Kahanamoku, recordman en natación, guardavidas, admirador y amigo personal de Freeth llevaría el surf a Australia y EEUU imitando la gran obra de su amigo. Cuentan las crónicas que cuando en 1913 lo va a visitar a California, lo califica como "el mejor buceador del mundo"...Y si "El Duque" lo decía... habrá que creerle.

Fue Freeth quien cambió el concepto no sólo en los rescates sino hasta fue el precursor del nombre de nuestra profesión, pasando de Lifesavers a Lifeguards para remarcar el concepto de PREVENCIÓN. Reformuló los entrenamientos, requerimientos y protocolos de selección, entrenamiento y rescate de tal modo que hasta el día de hoy se utilizan sus conceptos. La Tabla de Salvamento, sin quilla en aquella época, es uno de sus aportes todavía en expansión a 100 años de su muerte.

Sus nadadores, guardavidas, alumnos y compañeros de waterpolo fueron los capitanes que diseminaron por toda la costa oeste sus enseñanzas que han salvado miles de vidas y cambiaron para siempre nuestro trabajo, allí en EEUU y en el mundo entero.

Prócer de la escuela hawaiana de guardavidas, fue el mejor de los mejores. Le han sucedido nada menos que el famoso Duke, o personajes célebres como Eddie Aikau, héroe local aún homenajeado por sus hazañas surfeando o rescatando gente en los años 70. Actualmente lo tenemos a Brian Keualana popularizando las planchas de rescate adosadas a las motos de agua y mimado de Hollywood, siempre en la tradición de innovación iniciada por Freeth, en la que la naturaleza y el hombre interactúan, son uno solo, siendo uno parte del otro. Sólo en una armonía perfecta entre La Ola y El Hombre se puede surfear y hacer rescates en esas olas monstruosas de más de 10 metros de altura sin perder la calma.

Referencias:

- *"Freeth, George". Encyclopedia of Surfing. Retrieved June 8, 2016.*
- *Cisco, Dan (1999). Hawai⊠i sports : history, facts, and statistics. Honolulu: University of Hawaiì Press. p. 277. ISBN 9780585329666.*
- *Lin II, Rong-Gong (August 8, 2008). "Bust of surfing legend stolen". Los Angeles Times.*
- *https://www.kcet.org/shows/lost-lageorge-freeth-king-of-the-surfers-and-californias-forgotten-hero*

5. BAÑEROS VS GUARDAVIDAS

Viniendo más acá temporal y geográficamente, tuve la increíble suerte de entrar a trabajar en el Partido de la Costa en el año 1992 y de disfrutar de varias temporadas, absorbiendo la filosofía de vida y las enseñanzas de los *últimos bañeros*, esos que eran la máxima y única autoridad donde el estado brillaba por su ausencia. Una suerte de superhéroes desgastados por el sol, erosionados por el viento y limados de tanta arena y agua salada, pero como Patoruzú, haciendo frente a cualquier situación que pudiera suceder en su pequeño ámbito de poder, ese espacio comprendido entre la costanera y las profundidades del mar. Impartiendo no sólo primeros auxilios sino también justicia y autoridad casi sobre cualquier contrariedad: mordeduras de perro, autos que se encajaban en la costanera, turistas depredadores de almejas, padres o maridos maltratadores, pescadores imprudentes, belicosos equipos de fútbol que había que suspender para que no mataran de un pelotazo a nadie, motoqueros que había que taclear entre las sombrillas, huir de los maridos celosos y además rescatar personas. Imposible ejercer todas estas funciones sin ningún medio de comunicación y no creerse dueño de la verdad absoluta. Opinadores seriales y dueños de un estilo propio, cada uno de ellos, a falta de protocolos de trabajo, supieron mantener el equilibrio en una sociedad tan complicada como la nuestra, en años más que delicados. Casi sin elementos, ayudados y apoyados por su fiel público que los idolatraba, lograban imponerse con autoridad, por la fuerza o por el consenso, siempre pensando en sostener un estado de armonía y sobre todo de PREVENCIÓN, porque al escasear los compañeros cerca y los recursos, ése, el de la prevención, era el mejor camino. Innovadores, personalistas, exagerados para contar historias donde casi siempre eran los protagonistas y personajes únicos, realmente en algunos casos trabajaban de superhéroes, capaces de rescatar familias enteras, con una cámara de auto, hasta ahuyentar a un lobo marino con una ojota, pasando por todas las locuras que se les ocurran.

Sabios observadores del mar, analíticos del comportamiento de los turistas sobre la base de tanto tiempo libre, sentado en la playa, sin colegas con quien charlar, no he conocido mayores expertos que ellos a la hora de predecir tormentas, rescates o situaciones de riesgo.

Como era de esperar, con el incremento en la afluencia de público, la era de la comunicación y la globalización sobre todo, se fueron unificando los criterios, protocolos de trabajo que aminoran el riesgo y el trabajo se fue haciendo cada vez más profesional y menos empírico. Los cursos de guardavidas proliferaron, los jefes tuvieron mayor injerencia y aparecieron los inspectores, Prefectura y Policía en la playa. Así fue que nos ordenamos, a los tirones o suavemente según la impronta de cada localidad, y con el tiempo los bañeros se fueron jubilando y dejaron lugar a los guardavidas más estructurados, que venían con el reglamento y los recursos bajo el brazo.

Pasé por todos los estados de ánimo en la relación con estos bañeros, hoy veteranos: los idolatré de niño; los admiré de aspirante; los padecí cuando se encaprichaban en sus mitos y recetas antiguas y cada día más obsoletas; los extraño y admiro cada día más ahora que ya no están, y siento que cada día me parezco más a uno de ellos, a medida que las arrugas avanzan por mi rostro y que el pelo abandona mi cuero cabelludo. Vaya mi saludo y homenaje cargado de admiración a "Lulo" Gasparri, "Papi" Valdez, el "Pelado" Bordello, Reverberi, el único, inimitable e irrepetible "Indio" Muñoz, quien requiere un libro entero aparte, y toda esa manga de locos lindos.

Muy a pesar de lo romántico del pasado, debemos tender a ser cada vez mejores, aplicar cada descubrimiento de la ciencia y usar las mejores herramientas. Ser más orgánicos y menos anárquicos. Eso nos unifica y nos convierte en engranajes de un sistema efectivo, en estos tiempos diferentes a aquellos, lo que está muy bien y de hecho a eso apunta este pequeño manual... ¿Pero cómo no extrañar y amar a esas leyendas de la playa?

6. RELACIÓN CON EL MEDIO ACUÁTICO

Vivimos, nos movemos y nuestro organismo está diseñado para el medio terrestre. Después de 7, 8 o 10 meses, depende donde se trabaje, en una rutina mecánica y artificial lejos de la playa, tenemos que retomar el contacto con el mar y sus movimientos, adaptarnos nuevamente cada temporada al ritmo de las mareas y a su fuerza cambiante cada día, en lugar de luchar contra ella entrando a un rescate contra corriente, por ejemplo. Tenemos que adaptarnos a un mar que cambia cada 6 horas con las mareas, a cada rato con el viento y leer la Tabla de Mareas no alcanza. HAY QUE ENTRAR AL MAR TODOS LOS DÍAS, sobre todo al inicio de la temporada. Las víctimas no están esperando a que nos adaptemos. En tres ocasiones me tocaron rescates difíciles al primer día de temporada. Real.

Sabemos que las dos horas centrales de la bajamar son en las que más cuidado debemos tener, pero NO ALCANZA CON LA TEORÍA o con la prevención que podamos ejercer en la playa. Hay que meterse en estas dos horas centrales, probar cómo está la canaleta, el banco de arena, dejarnos llevar por el reflujo de la ola y jugar un poco... ¿por qué no? Así también se aprende y el cuerpo comienza a recordar, a asociar sensaciones que ya poseemos de otras temporadas y así es como cada año, nos adaptamos a este trabajo que tanto amamos. Hay que SINCRONIZARSE con el mar, fluir con sus corrientes y movimientos ondulantes, inexistentes en una pileta. Acá nos debemos ADAPTAR, somos elementos pasivos que se amoldan al medio, cosa que no ocurren en la pileta. Todos los días será un medio diferente, por eso hay que entrar muy seguido a entrenar. Temperatura, viento, salobridad, transparencia o turbidez cambian todo el tiempo. Hasta la fauna, con gaviotas sobrevolando, cardúmenes con peces que nos golpetean, tanto que a veces nos obligan a salir por lo incómodo que se pone. Dos veces me crucé con orcas y varias más con lobos marinos. Aletas no he visto nunca nadando, aunque sí andando en kayak. ¿Existe algo más emocionante que entrenar así?

No tenemos andariveles ni está pintado con una línea recta el fondo de la pileta, para guiarnos debemos tomar referencias de edificios altos y que se vean desde dentro aún con olas altas. Si queremos entrenar haciendo pasadas, deberemos contar los ciclos de brazadas y no los metros en base a cantidad de "largos" o piletas nadadas. Todo cambia, y cambia para mejor porque es más lindo, entretenido y creativo nadar así. Más conectado con lo real.

Tenemos que estar ACUATIZADOS cuanto antes, acomodar nuestra respiración y brazadas, nuestro estilo. Se da por descontado que quienes ejercen esta profesión aman el mar y cuentan los días para que llegue el verano; entonces será el momento de honrar la tarea que tenemos y el lugar que ocupamos.

Cualquiera de los deportes acuáticos afines sirve como excusa para entrar al mar todos los días que, de paso, nos ayuda a conservar la buena forma física que requiere lo que estamos haciendo. Para aquellos que también son atletas, compiten, entrenan triatlón, aguas abiertas o siguen un cronograma riguroso de entrenamiento y alimentación, MIS FELICITACIONES. Seguramente están en excelentes y sobradas condiciones físicas para el promedio general de nuestros colegas; recuerden también que nuestra única prioridad a la hora del trabajo está en el agua y en los bañistas que debemos cuidar,no en las carreras, no en los entrenamientos. De esto se trata el equilibrio y no pasarnos de la raya con la energía.

7. LAS COMPETENCIAS DE GUARDAVIDAS

Complemento ideal para nuestra actividad, tanto a nivel deportivo como humano y laboral, ya que esas carreras están diseñadas para imitar situaciones reales de rescate, ayudan a los novatos a conocer el medio acuático, velocidad y dirección de corrientes, coordinación y trabajo en equipo, estimulan el entrenamiento y la vida sana, para llegar en forma competitiva al verano, beneficiándonos con un óptimo estado atlético, que es nada menos que la aptitud en nuestro trabajo.

Adicionalmente, nos sirven como simulacros de situaciones reales en las cuales automatizamos respuestas condicionadas para que bajo el stress de un rescate real, salgan mejor y sin titubeos.

Existen pruebas tradicionales y folclóricas nativas de nuestras playas que nos obligan a aprender del mar y a estar en nuestra mejor versión, si lo que buscamos es medirnos con otros o con nosotros mismos, ya sea que compitamos solos o en equipos. Son pruebas que se compiten con anterioridad a la homologación de un reglamento a nivel internacional y que son una muestra viviente de cómo se trabajaba en el pasado. Abundan en nuestras playas las competencias con roscas circulares, cuerdas, malacates y las largas distancias de natación, algo que va quedando obsoleto con el paso del tiempo por no imitar las condiciones actuales en que se efectúan los rescates. Veo con buenos ojos conservar este tipo de pruebas que nos caracterizan, dan identidad y mantienen viva nuestra historia.

Existen también las pruebas reglamentadas según normas internacionales de ILS (Internatinal Life Saving), que es la organización que las estandarizó y regula actualmente a nivel mundial estos eventos de nuestro peculiar deporte que es el Salvamento Acuático, donde se abordan elementos comunes y útiles para todas las playas del mundo, desde las más calmas a las más peligrosas, por el tamaño y agresividad de las rompientes o la lejanía entre víctimas y guardavidas. Hacia la organización y expansión de estas pruebas debemos apuntar...

Aletas que se colocan entre saltos en medio de la carrera de ingreso al mar, víctimas simuladas con maniquíes, uso de sunchos o cinturones de rescate (el mejor elemento que se ha inventado a mi juicio), kayaks finitos insumergibles (ski de salvamento), tablas de rescate adaptadas para competir, botes, carreras de gomones, que obligan a la práctica continua del perfecto abordaje de la rompiente y la velocidad de ingreso al mar, competencias indoor para el invierno, en definitiva, un mundo para descubrir, disfrutar, y ¿por qué no? viajar por el mundo como lo hace mi compañero de sector "Pipo"Costa representando a nuestro país.

Son tantas las ventajas de entrenar y competir que sería redundante seguir mencionando su utilidad. Particularmente perdí la cuenta después de las 100 competencias de guardavidas en las que tuve la suerte de participar. De cada una me quedó algo, una manera de ingresar al mar que copié de alguno, de pasar la rompiente, la lectura de las corrientes previa a la largada y sobre todo la camaradería que va más allá de los resultados. Me ha tocado participar y organizar carreras con todos los climas, hasta una histórica sudestada en 1993, que cortó en dos el muelle de Santa Teresita y arrasó con balnearios enteros. Nos tomó en mitad de la preuba, una "Americana con Rosca por relevos" de dos horas de duración y que hubo que suspender (búsqueda con helicóptero incluida); la mayoría estábamos con hipotermia.

Todo se ve en las carreras. Los más egoístas y los más nobles quedan en evidencia con igual facilidad. ¡Qué placer las entregas de premios y los terceros tiempos! Hace ya mucho tiempo que no compito más. Como todo lo que se hace rutinario, pierde el gustito necesario para realizarlo. Creo que lo último que hice fue una carrera de kayaks organizada por el gran "Soda" Garcia, donde valían abordajes y nos divertimos mucho. Recuerdo al colega Gaby Baez corriendo a atletas a remazos. Por nada se pierdan de vivir estas experiencias.

Van algunos consejos:

- No innovar el día de la prueba: Jamás usaremos zapatillas, antiparras, ni otro elemento por primera vez en el día de la competencia. Lo más probable es que me salgan ampollas o me entre agua por falta del ajuste y adaptación adecuados.
- Alimentación: La noche previa será con hidratos de carbono, sin salsas que puedan provocar malestares o acidez. Desayuno magro, como el habitual antes de entrenar.
- Ingreso previo al mar: Minutos antes del comienzo de la competencia, debemos ingresar al mar para percibir con precisión el sentido, fuerza y dirección de la marea, así como el

estado del suelo marino por donde me desplazaré en unos minutos. Obviamente a menor velocidad. Esto tiene la doble función de adaptación térmica y ajustar nuestros esfuerzos según la deriva específica del momento.

- Conocimiento del reglamento: Debemos conocer con exactitud cada detalle del reglamento PARA NO INFRINGIRLO, lo mismo para cada integrante del equipo, que definirá a una persona para ser la voz cantante en caso de reclamos y se interiorizará en de presentarlos al árbitro o urganizadores Debemos saber si se puede utilizar neoprene, materiales aprobados, líneas de largada y llegada, tipos de aletas, tema reemplazos por ausencia de algún competidor, categorías, puntuación para calendarios de pruebas, etc.
- Recorrido previo: Es muy importante realizar el recorrido de la competencia algunos días antes. Saber de las exigencias de la geografía, médanos, consistencia de la arena, canaletas profundas, y demás cuestiones que afecten el nivel de exigencia para administrar y dosificar la energía.
- Actitud noble: No discutiremos decisiones del árbitro, ayudaremos a nuestros competidores si se accidentan o se descomponen, colaboraremos con la organización en lo que podamos y sobre todo, demostraremos que nos alienta el amor a nuestra profesión y la camaradería por sobre emociones egoístas o dañinas.

Pruebas de piscina: 9 pruebas Individuales en piscina

- 200 m. Natación con obstáculos.
- 50 m. Arrastre del maniquí.

- 100 m. Combinada de salvamento.
- 100 m. Arrastre de maniquí con aletas.
- 100 m. Socorrista (100 m Remolque de maniquí)
- 200 m. Súper socorrista (200 m Arrastre y Remolque de maniquí).

Pruebas de Relevo o Grupales en piscina:

- Lanzamiento de cuerda.
- 4 x 25 m. Relevo arrastre del maniquí.
- 4 x 50 m. Relevo natación con obstáculos.
- 4 x 50 m. Relevo combinada de salvamento.

Pruebas de aguas abiertas:

- Nadar surf.
- Relevo salvamento con tubo de rescate.
- Correr – nadar – correr.
- Banderas en playa.
- Sprint en playa.
- Relevo sprint en playa.
- Carrera con ski. (simil kayaks).
- Carrera con tabla.
- Relevo rescate con tabla. Oceanman/ Oceanwoman.
- Taplin (4 competidores. Nadar, tabla, ski y sprint).
- Relevo Triada (6 competidores. Nadar masculino, nadar femenino, tabla masculino, tabla femenino, ski masculino y ski femenino).

Hasta acá, un breve repaso que habrá que profundizar, cada tanto actualizar y practicar si lo que queremos es comperir, con quienes más saben de esto, que son los CLUBES DE SALVAMENTO ACUÁTICO.

En este punto del libro les recuerdo que COMPETIR ES MENOS IMPORTANTE QUE TRABAJAR COMO GUARDAVIDAS... Y ahora por favor, no lean más por un rato... ¡Agarren las antiparras o las zapatillas y a entrenar!

8. MEJORA CONTINUA

Este concepto debe guiar nuestros pasos cada día a medida que van transcurriendo las temporadas, porque no lo dudes, eso va a pasar. Este trabajo se te mete debajo de la piel que cada verano cambia de color y te da momentos únicos. Salvarle la vida a alguien te marca para siempre, lo sepas o no cuando te anotaste en el curso, y también para muchos de nosotros es adictivo, así que si recién empezás, andá pensando en devolver lo mucho que esta actividad le va a portar a tu vida, a tu espíritu, a tu autoestima.

Como devolución, cada uno de nosotros tenemos la oportunidad de aportar un granito de arena porque si tuviste la vocación que este trabajo exige, seguro que dentro tuyo hay algo que le puedas aportar, algo que te hace diferente al resto y sólo es cuestión que lo encuentres y lo vuelques a nuestro saber acumulado en los pocos años que esta profesión tiene.

Conozco a colegas que se han dedicado a la formación de guardavidas, otros han creado y organizado competencias de verano e indoor, otros formaron grupos de entrenamiento, organizaron congresos, viajan, participan de pruebas y competencias internacionales de Salvamento Acuático, se capacitan en el exterior y nos traen los elementos que mejor creen se pueden adaptar a nuestro medio. Hay quienes introdujeron el surf y adaptaron tablas con sujeciones especiales que ya se ven en diferentes playas de nuestro país y del mundo. Los calendarios de competencias son cada vez más variados y se multiplican, las escuelas de guardavidas se siguen profesionalizando, los operativos empiezan a trabajar en conjunto con otras fuerzas de seguridad. Tenemos que mejorar nuestras casillas, nuestros mangrullos, uniformes y embarcaciones, para emplear los mejores recursos materiales y humanos para cuidar las vidas humanas. Las temporadas se estiran y, si queremos que los sueldos y las condiciones mejoren, necesitamos comprometernos para devolver a esta labor tantas satisfacciones que nos da. Todos podemos y debemos hacer esta devolución, colaborando con aportes propios y dando el ejemplo cada día en nuestra playa.

Una vez que cada uno visualiza la mejora que cree posible implementar en su espacio de trabajo, debe compartirlo con sus jefes y compañeros e intentar el aporte, sin fragmentarse en subgrupos de guardavidas que no le hacen bien a nuestra profesión, que es básicamente de trabajo en equipo y de camaradería. La experiencia dice que los verdaderos enemigos de los guardavidas son el reloj biológico, la ambición material, los trabajos "más estables" de todo el año, las esposas celosas, el sol del mediodía y no los propios colegas con otro color de camiseta política o sindical.

He visto guardavidas afiliados a distintos gremios haciendo rescates juntos y a compañeros y amigos de varias temporadas dejar de hablarse, por el sólo hecho de adherir a distintas corrientes políticas.

Sería muy bueno para cada uno de nosotros podamos dejar nuestra huella a medida que las temporadas pasan, mejorando nuestro desempeño y enriqueciendo nuestra profesión, sin que esto nos divida o nos enfrente.

9. EL MEJOR TRABAJO DEL MUNDO

El mejor trabajo del mundo te invita a preparar mate* todas las mañanas, con el sol calentando de a poquito la arena aún fresca y húmeda con el rocío de la noche. El mar te recibe plateado porque el sol está bajito y te obliga a arrugar la mirada, lo que seguro te profundizará las arrugas, cuando todavía seas joven para tenerlas. Armás tu puesto, colocando el código que corresponda en el mástil del mangrullo. El viejito atleta que pasa todas las mañanas desde hace mil años con la misma musculosa te saluda cómplice porque te ve parecido a él en los rituales mañaneros; el nene que estrena barrenador recién sacadito de la funda te dirige una miradita, como pidiendo aprobación, antes de zambullirse al agua, como diciendo: ¡"mirame y cuidame que ahí voy!"

Quedás en slip, para tomarte todo el saludable sol tempranero, mientras tu compañero de la playa de al lado, también colocando la banderita con el estado del mar, te hace señas de a una cuadra, avisándote que se va a acercar a tomar unos mates con vos en unos minutos. Si ya te picó el bichito del surf (que no te va a soltar nunca más), vas a estar intentando predecir el tipo de olas que habrá al mediodía, cuando en tu horario de "descanso" puedas meterte con tu tabla. O decidiendo que, si cambia el viento, tal vez entrés a remar en tu kayak o a nadar simplemente. Te vas a sentir agradecido de la vida

* Infusión típica argentina

por no haber aflojado en invierno con el entrenamiento, ni con tu familia, ni con tu empleo. La sensación de poder cuidar a tanta gente sólo con tu cuerpo y tu atención es inigualable, adictiva. A disfrutarlo.

Pero también existen las sudestadas que duran tres días, las seguidillas de días fríos y con lluvias y garúas intermitentes, sin un alma en la playa. También está la mala política sindical infiltrada en nuestras conversaciones, el vandalismo nocturno en nuestros puestos, el sueldo bajo y pagado fuera de término y la peor pesadilla siempre latente de los ahogados en nuestra playa.

Todo esto viene muy juntito en el combo y aquellos que no lo entienden de entrada o no logran asimilarlo van a durar pocas temporadas, se van a llevar recuerdos imborrables, pero no se van a jubilar de guardavidas, ni siquiera será una etapa de sus vidas, será sólo una experiencia. No lo convertirán en eje de sus vidas ni llegarán a disfrutar de este modo de vida/profesión en toda su dimensión.

El Tano Cúccaro (creador del Sindicato de Guardavidas de la República Argentina SUGARA) decía que recién nos recibíamos de guardavidas después de nuestro primer ahogado. Forma tosca y realista de explicar los sinsabores que esto trae aparejados. Quien no logre disfrutar aún del hecho de "acovacharse" bien abrigado solamente a contemplar la forma de las olas, en un día inhóspito de mucho viento; quien no se esfuerce por descubrir el lado bueno de algún compañero que quizás no sea el que hubiéramos elegido; quien tome partido ligeramente en disputas políticas que le son ajenas va a descubrir que sin darse cuenta, poco a poco se aleja de la magia de esta profesión, que no sólo tiene días lindos y víctimas agradecidas de haber sido rescatadas. Esta profesión es EXTREMA. Entendámoslo rápido. Cada segundo cuenta cuando nadamos hacia una familia cuyos integrantes desaparecen de a uno bajo el agua, a pocas brazadas de que lleguemos.

El mejor día de playa para disfrute de un guardavidas profesional, con sol y mucho público, puede ser el peor tormento para aquel que no entendió lo que hay en juego, que anoche durmió media hora y no logra concentrarse ni mantenerse despierto.

No creo equivocarme diciendo que es una profesión para paranoicos que, a pesar de su patología, logramos hacernos útiles y disfrutar de muy buenos momentos. Nos tocan rescates a un minuto del horario de tomar el primer turno de guardia… ¿Qué hubiera pasado con esas víctimas si llegábamos 2 minutos tarde? He detectado rescates a más de 300 metros de mi puesto de trabajo en zonas sin servicio de guardavidas, a veces con víctimas múltiples. ¿Qué pasaba si no estaba atento? Otras veces me distraje y me salvó la atención de mi compañero de tantos años, el Prof. Silvio Lapietra; algunos no lo saben y están vivos gracias a que él estaba alerta.

Tenemos un trabajo extremo, MUY EXTREMO, donde pasamos de la inacción total al rescate más adrenalínico y explosivo que se puedan imaginar. Trabajo extremo y de EQUIPO. El egocentrismo propio y natural de quienes practican deportes individuales y que encima tienen vidas humanas a su cargo no debe nublar nuestra visión. Tenemos que saber que sin nuestros compañeros NO SOMOS NADA, no podríamos distraernos un segundo durante horas, lo cual es imposible científicamente, no me podría enfermar, lesionar, estresar por cuestiones ajenas al trabajo o familiares y además, debería clonarme en los rescates múltiples.

En este trabajo nos cubrimos las espaldas, nos reemplazamos, nos relevamos, nos ayudamos, colaboramos, nos asistimos, mejoramos en conjunto y también nos cuidamos y consolamos cuando ocurre una tragedia. Nos toleramos o nos adoramos en verano, y en algunos casos nos extrañamos durante el invierno, siempre formando parte de un equipo –lleno de egos gigantes– pero un equipo al fin.

Cuanto más lo entendamos, mejores resultados tendremos y mayor cantidad de días de sol, mate y surf podremos tener. Dentro del mar y en pleno salvamento, no existen rivalidades políticas ni problemas domésticos entre nosotros: igual debe pasar fuera del agua. Limemos las asperezas en la playa porque necesitaremos estar bien adentro del agua, cuando las papas queman. Disfrutemos del sol, sabiendo que habrá más días de viento, porque así es. Aceptemos el combo como viene y juguemos este juego, sabiendo todas las reglas, QUE SON LAS REGLAS DE UN TRABAJO EN EQUIPO.

10. LA PRIMERA GUARDIA DE NUESTRA VIDA

Todos pasamos por esta primera experiencia donde finalmente quedamos solitos a cargo de una playa, nuestro primer día en el que no conocíamos a nuestros compañeros, mucho menos a los turistas y muchísimo menos el comportamiento del mar. Sentimos cientos de ojos clavados en la nuca y creemos que estamos siendo juzgados por todo el mundo. Recuerdo que mis primeros quince días de trabajo sólo bajaba a la playa, volvía a mi casa y dormía, tal era el stress y la tensión nerviosa que no me quedaba energía para otra cosa...y tenía 19 años.

Vayan algunos consejos para atravesar mejor por esas primeras jornadas de trabajo:

1) *Presentarse con los colegas linderos:* Es impensable llegar a un puesto de trabajo y no presentarse con quienes compondrán el equipo de rescate ante un eventual salvamento. Aunque nuestro trabajo tenga características individualistas por los deportes que abarca, la soledad de algunos puestos o el grado de responsabilidad moral, estamos formando parte de un equipo que debemos cuidar y fomentar, pero primariamente CONOCER. ***No puede pasar que tengamos al lado a un guardavidas que no conocemos y con quien no***

nos hayamos presentado, no distinguimos de lejos o no sabemos cual es su horario.

Los guardavidas linderos deben conocer sí o sí al colega nuevo y enseñarle cuáles son los detalles a tener en cuenta, la morfología de la playa, si hay o se están formando chupones (rip currents), si existen otros riesgos, como zona de ingreso de vehículos, zonas de pesca permitida, etc; y a la vez, el colega nuevo debe compenetrarse de los usos y costumbres locales, saber si existen códigos de comunicación interna, como pararse sobre el mangrullo cuando vemos situaciones de riesgo, códigos internos de comunicación, etc. Cuanto antes se logren estos vínculos, mejor para todos. Y cuando digo TODOS, incluyo primariamente a los turistas.

2) *Jamás correr en la playa durante la guardia si no es necesario*: ***No se corre ni se trota por la playa si no hay situaciones de riesgo*** que lo ameriten, porque es lo primero que alerta a un guardavidas lindero sobre un potencial rescate. Tengamos en cuenta que de acuerdo con el sentido del viento, a veces no se escuchan los silbatazos. Si a esto le sumamos la carencia de handys entre playas vecinas, el hecho de ver a un colega corriendo muchas veces es el único indicador de un rescate en curso. Imaginen ahora la gracia que le va a causar al guardavidas veterano que recién nos conoce, correr 100 metros en ayuda de un joven colega, que sólo corría para llegar más rápido a tomar mate en una sombrilla lo invitaron los turistas o que simplemente tenía muchas ganas de entrenar ese día y por eso entraba corriendo al mar...

3) *Nunca alejarse del salvavidas ni soltarlo cuando se patrulla*: Infinidad de veces debemos repetir esta consigna, hasta el hartazgo si es necesario, así las nuevas generaciones lo internalizan desde el

inicio. NO SIRVE DEJAR EL SALVAVIDAS EN EL PUESTO y salir a patrullar sin elemento, mucho menos dejarlo atado con nudos imposibles o en posiciones altas e inaccesibles “por si lo roban”. Nadie lo va a robar porque no puede despegarse de nuestra persona. Ese salvavidas viene con nosotros si salimos a patrullar, a caminar, a saludar a un conocido o a tomar mate con familiares. ***Siempre a mano, al alcance del brazo y listo para colocarse la bandolera en menos de un segundo y acudir al rescate.*** No existe otra posibilidad y debieran ser sancionados aquellos guardavidas que se encuentren incumpliendo esta norma.

4) *Reconocer la playa y sus accesos:* ***No sólo se debe reconocer la canaleta y posibles chupones, entrando a nadar y a flotar previo a la primera guardia***, también debemos saber cuáles son los accesos de ambulancias más cercanos. Tengan en cuenta que cuando se activa el sistema de emergencias llamando a una ambulancia, el despachador que está del otro lado de la línea muchas veces no tiene ni idea de dónde indicarle al móvil que debe ubicarse, para recibir a la víctima. Si no hay acceso de la ambulancia a la playa por la presencia de médanos, que es lo más común, hay que avisar que bajen con tablas espinales y el recorrido debe ser el menor posible.

5) *No quitar la vista del mar:* Uno de los primeros hábitos que debe adquirir un guardavidas nuevo es el de no mirar a los ojos a sus interlocutores mientras trabaja. La gente que nos acompaña se acostumbra y termina admirando esta buena costumbre. El oído y la mente pueden estar en varios temas al mismo tiempo, pero ***la mirada durante la guardia NO SE DESPEGA DEL MAR.***

6) *Actitud de equipo:* Compartir es el primer escalón para fomentar estas importantes relaciones que recién empiezan con los compañeros de playa. Compartir información si creen que puede ser útil al resto; compartir abrigo si a mí me sobra y a otros les falta; compartir el alimento; colaborar con los mates grupales de fin de tarde; compartir entrenamientos y dudas, que al principio serán muchas, sin sentir vergüenza porque nadie comenzó sabiendo todo y hasta es negligente no evacuarlas.

Este buen consejo corre tanto para los novatos como para los guardavidas expertos, que se sientan en el trono de una sabiduría que no transmiten, sin darse cuenta del riesgo que corren ellos mismos si no está aceitado el equipo de trabajo.

"***Cada equipo es tan fuerte como su eslabón más débil***", es una frase que debemos internalizar y trabajar. Si tengo compañeros lesionados pero que son expertos en la vigilancia, nos complementamos para cubrirnos mutuamente; si un compañero está llegando tarde por un imprevisto, avisa y lo cubrimos hasta que llega, la playa no se abandona; si robaron en la casilla de al lado y están sin salvavidas, les prestamos elementos; y así puedo seguir enumerando situaciones.

No olvidemos que en esta cadena que somos los guardavidas, el eslabón más débil es siempre el colega nuevo. A trabajar la comunicación y la camaradería.

11. PUNTUALIDAD Y CONCIENCIA

¿Cómo dejar en claro en tan pocas palabras la importancia de este tema para nuestra profesión? Basta decir que hemos tenido rescates extremos al primer minuto de nuestra guardia o en simultáneo con el ingreso a la playa. También víctimas fatales minutos previos al ingreso al puesto de trabajo, lo que no significa que debamos mudarnos a vivir a la playa; sólo que en este trabajo que hemos elegido **NO SE PUEDE LLEGAR TARDE**. Relojes, despertadores, celulares con alarmas, familiares que nos despierten, todo es poco para no cometer la imperdonable imprudencia de quedarse dormido. Tengamos en cuenta si hay que hacer trayectos largos, a todos los los imprevistos que nos puedan tocar en el camino: rutas cargadas los cambios de quincena, rotura de bicicletas o de cualquier vehículo que usemos, etc, etc, etc.

Que nuestra imprudencia no genere muertos, así de claro es el concepto. Y lo transmito así de crudo porque esto ya pasó. Ya hubieron colegas que llegaron tarde o que en la falsa sensación de "tranquilidad" salieron a surfear y que, al arribar a la playa, se encuentran con una tragedia, un panorama desolador, una pesadilla.

Lo mismo sucede cuando nos tenemos que retirar de la playa. Quedará en nuestra conciencia si nos vamos en el horario exacto estipulado a fin de tarde y dejamos turistas alcoholizados, bañándose imprudentemente en zonas peligrosas. Es más común de lo que parece, incluso en partidos de futbol que se extienden hasta tarde, más allá de nuestro horario de salida, en los que sabemos que terminan con un chapuzón. Acá estará la diferencia entre un guardavidas bueno, que cumple el reglamento o uno excelente, que está ejerciendo su vocación más allá incluso de sus obligaciones y se queda fuera de horario cuidando de esos bañistas que seguro cometerán la imprudencia de meterse al mar sin presencia de guardavidas.

Si me encuentro que termina mi horario de guardia y mi compañero no ha llegado aún, ME QUEDO HASTA QUE LLEGUE. ***JAMAS se deja vacío el puesto*** de guardavidas por más que nuestro colega llegue tarde todos los días y se aplacen todos nuestros compromisos. Esto es una regla de oro y será incumbencia del jefe ejercer su autoridad para sancionar como corresponde a un *abandono de playa*. Está claramente tipificado en nuestro Convenio Colectivo de Trabajo, por lo cual ningún juez dictará sentencia a favor de quien haga semejante desastre que pone vidas en juego.

Tampoco tiene nada que ver con la camaradería el hecho de alertar a Jefatura cuando estas situaciones se repiten sistemáticamente. Por supuesto que cualquiera puede tener un accidente grave una vez en la vida, pero esto sería una *excepción* a nuestra regla de JAMAS LLEGAR TARDE.

Mismo concepto para cuando descubro que mi compañero de puesto no ha llegado en horario, cubriré ambas playas hasta su arribo.

Nunca está de más avisar de nuestra partida a quienes calculemos que corren o correrán peligro, especialmente cuando vemos rayos cayendo y gente en el agua, madres con bebés en brazos cerca de la rompiente o cualquier otra situación que juzguemos con riesgo de vida latente, en personas inconscientes. No se trata de pelearse, ni discutir, sólo de advertir sobre el peligro y estar bien con nosotros mismos y con el deber cumplido. Muchas veces debemos salir de nuestra área estricta de responsabilidad. Nadie va a juzgarnos si se ahoga gente fuera de nuestro horario... ¿pero podríamos dormir tranquilos con nosotros mismos sabiendo que estuvo en nuestras manos prevenirlo? Si la respuesta es sí, mejor soltar este libro y buscar otro trabajo que no implique cuidar vidas humanas.

12. EL TRATO ENTRE COLEGAS

Capítulo fundamental este de fomentar el buen trato entre camaradas porque, como vengo diciendo, HACEMOS UN TRABAJO DE EQUIPO y no existe posibilidad de este trabajo de otra forma. Entrenamos individualmente y en solitario la mayoría de las veces y ***trabajamos en equipo SIEMPRE.***

Lamentablemente entre colegas muchas veces se libran batallas de egos en una profesión donde todos nos creemos los mejores y los dueños de la razón. Los nuevos porque es lógico que cuestionen las estructuras formales y los veteranos porque "se hizo así toda la vida" y ha dado resultado. (¿Será así?) Unos porque tienen todas las batallas por ganar y otros porque ya han ganado todas las batallas, y hablo de esas batallas que damos contra la muerte en cada intervención. Yo creo que ambos pueden y deben convivir, enseñarse y contagiarse porque la experiencia y el entusiasmo se combinan hermosamente cuando conviven, compartiendo playa y respetándose mutuamente jóvenes y veteranos.

Es crucial para nuestra labor que estemos bien ensamblados, bien comunicados, visibles para nuestro colega de la playa lindante, organizados internamente con señas particulares para cada ocasión, como puede ser pararse en el mangrullo, cuando en la playa de al lado vemos una situación de riesgo, (es un ejemplo para cuando no existen handys en cada puesto). Sincronizados en los horarios pico para no dejar la playa descubierta, relevándonos ante imprevistos que pueden ser de salud o de movilidad; solidarios para prestar un abrigo, arrimar un mate o con cualquier tipo de asistencia; cubriendo tiempo extra si está demorado mi reemplazo y viene retrasado. JAMÁS SE DEJA VACIO EL PUESTO DE TRABAJO. NUNCA. NUNCA. NUNCA.

Lo escribo mucho para que se entienda y se imprima en nuestra mente. ***NUNCA se deja el puesto de trabajo vacío durante el horario de guardavidas.*** Aunque no sea ya mi horario y tenga cosas que hacer y mi compañero que me releva no haya llegado, la guardia NO SE ABANDONA porque hay personas que pueden morir ahogadas. Mientras él llega o se le avisa a la jefatura, SE ESPERA EN EL PUESTO y se cuida de la gente, hasta que termine el horario de cobertura de esa playa en particular o llegue mi reemplazo. A quien no acepte esta norma NO debiera confiársele una playa ni la vida de nadie.

Asistir a mis compañeros, respaldarlos ante cualquier problema de salud o de convivencia entre turistas, charlar en los horarios tranquilos, analizar los rescates para la mejora continua, coordinar los roles ante emergencias y distribución de materiales (tablas espinales, botiquines, DEAs, etc.), mantener un diálogo sincero, en definitiva, nos hará un mejor equipo cada día y cada temporada. Cada eslabón de esa cadena es muy importante y ya vimos que cada cadena es tan fuerte como su eslabón más débil. Seamos un buen equipo y reforcemos nuestras debilidades. Si esa coordinación la fomenta y la hace el jefe, buenísimo, y si no, lo hacen los mismos guardavidas que entienden la importancia de llevarse bien y del trabajo en equipo.

Así es como el buen nadador se complementa con el que mejor mira la playa y que detecta prematuramente los rescates; el que tuvo un inconveniente y llegará tarde avisa a sus compañeros, a los que tal vez otro día deberá cubrir él; los más expertos en primeros auxilios serán quienes tengan esta tarea y otros harán la tarea de contención de familiares y curiosos, o coordinarán el ingreso de ambulancias, etc, etc, etc.

Nada de esto se puede llevar adelante si no hay diálogo entre los colegas. Por ningún motivo dejemos de hacer esta tarea diaria de camaradería que nada tiene que ver con nuestra afinidad fuera de la playa ni con la amistad ni con nuestras ideas políticas, a la hora de opinar sobre nuestro gremio. NO SE ES UN BUEN GUARDAVIDAS si no somos fraternos ni agradables con nuestros compañeros, si no estamos bien coordinados ni trabajamos como un equipo. Después se verá si se llega a una amistad fuera de la playa y del ámbito laboral. Mientras tanto hay que llevarse bien y las posibles observaciones a su labor se charlan con él antes que con nadie. Seamos y actuemos corporativamente en el mejor sentido de esta palabra.

13. MUELLES, ESPIGONES, PIEDRAS, ROCAS, ISLOTES Y TRASMALLOS

La geografía de nuestra playa nos va a condicionar. Cada formación rocosa, de arena, cemento, madera o cualquier otro material plantado por la naturaleza o por el hombre, dentro del lecho marino, merece un estudio particular por parte de los guardavidas nuevos que ingresen a una playa, cualesquiera sean las condiciones del mar ese día en que conocemos la playa, tengan en cuenta que un mar calmo en su superficie y sin viento, puede esconder peligros en el fondo, donde los turistas pierdan pie inesperadamente en irregularidades en el suelo marino, o enredarse con redes, lastimarse con hierros, etc. Nadie mejor que los guardavidas linderos conocen lo que haya sumergido, el fondo y el comportamiento de las corrientes alrededor de estos accidentes geográficos y cómo aprovecharlos o efectuar las prevenciones de cada caso.

Habrá que cuidarse de los pilotes con mejillones adheridos en los muelles de pesca porque son muy filosos y están entremezclados con algas y musgo, lo que los hace invisibles. La arena de alrededor de estos pilotes está socavada por las mareas formando "ollas" más grandes o pequeñas de acuerdo al tamaño del objeto sumergido, de modo que quien se aventure hasta ellos perderá pie y puede lastimarse las manos si se agarra del pilote.

Este mismo fenómeno de arena socavada ocurre en el extremo de formaciones de piedras, rocas o islotes rocosos, como vemos en algunas playas de Brasil o el sur de Argentina; por lo tanto, cada vez que debamos cuidar playas con estas características, debemos preguntar y probarlas con todos los climas y mareas posibles, para saber cómo se comportan y así poder prevenir y juzgar la peligrosidad en cada caso y con cada clima, viento o marea.

Las escolleras de piedra tienen una corriente que ingresa al mar bien adherido a su lateral, por lo que el agua circula más rápido allí que en las bahías intermedias. Esta corriente de retorno es aprovechada por los guardavidas, cuando algún surfista imprudente o algún turista desprevenido quedan a su merced. Los he visto entrando a rescates con aletas a velocidades sorprendentes en Playa Grande, en Mar del Plata, por ejemplo, usando la experiencia y el conocimiento de este fenómeno. Vaya un saludo a al gran Federico Dillon, otro ejemplo de colega de esas latitudes.

En las playas del Partido de la Costa, que es donde trabajo, hay turistas que de noche colocan un artefacto de pesca llamado *trasmallo* y que consta de dos hierros clavados al suelo marino, con una red con boyas en el extremo superior y plomadas en el inferior, atada y tensada entre ambos sostenes, perpendicular a la playa atravesando la canaleta, para capturar peces durante las 6 horas de la creciente que luego desenredan en la playa. Sucede que a veces no llegan a retirarlo porque ha crecido tanto que la red (trasmallo) queda invisible... Peligro latente hasta que la marea baje y durante el día la divisamos asomando una puntita o una parte de la red. ¡Máximo cuidado al retirar estas redes que son una trampa para desprevenidos! Dos veces he asistido la muerte de turistas en la zona sin guardavidas por estas redes, varios rescate muy complicados, y uno en particular, debe haber sido de los más difíciles que me tocó... Casi de noche, fin de guardia de finales de temporada, a una cuadra de haber cerrado mi casilla con los elementos de rescate adentro y sin nadie en la playa, tuve que rescatar a un hombre que intentaba retirar dos trasmallos añadidos y muy adentro, pasada la segunda rompiente. A punto estuve de no poder lograrlo (jamás entren a un rescate sin elementos) y fue motivo suficiente para que la víctima, que también era vecino de la zona y que tenía su casa a media cuadra del mar, la venda y comience a festejar su cumpleaños en esa fecha...

Retirar estos hierros, a veces invisibles porque la marea los tumbó, con el extremo superior afilado de tantos martillazos que le han pegado para enterrarlos con la marea baja, y luego llevarlos en flotación forzada hasta la playa, es tarea para guardavidas experimentados. Una vez buceando para desenterrar un hierro, se me enredó el silbato en la red y me costó bastante sacarme el lazo del cuello para salir a respirar. Otra vez en Semana Santa sacando el cuarto trasmallo para que no se transformen en un peligro para los turistas, me clavé la punta afilada entre el dedo gordo del pie y el segundo, traspasando la piel de lado a lado.

¿Qué hacemos entonces si nos toca algo similar en nuestras primeras experiencias? Señalizarlos, prevenir a los bañistas desde la playa, y retirarlos en condiciones más seguras.

En todos los casos, los que saben y aconsejarán SON LOS GUARDAVIDAS VETERANOS de esas playas. Acercarse previamente a la primera guardia, PREGUNTAR Y PROBAR la zona con cualquiera de estas particularidades serán los pasos obligatorios.

14. USO DE TELÉFONOS CELULARES Y SMARTPHONES

Sigamos con los consejos para comenzar con el pie derecho (y sin heridas de *trasmallos*)... El celular es nuestro aliado para la comunicación en un caso de emergencia también puede ser nuestro peor enemigo si nos distrae del trabajo de vigilancia. La foto de dos guardavidas en una torre, enviando mensajes por sus celulares en pleno horario de trabajo se viralizó en España, los dejó sin trabajo y sentó jurisprudencia para evitar estos actos de negligencia. Debemos tomar nota y aún en los días más feos, no caer en la tentación de revisar redes sociales o conectarnos a nada que nos distraiga durante nuestra jornada laboral.

Aunque no haya gente en peligro evidente, la imagen que estamos dando es pésima. Salvando las distancias, uno no imagina a un cirujano atendiendo el teléfono durante su labor, y hasta creo que sería menos riesgoso que en nuestro caso. Al igual que cuando manejamos un auto, no se toca el teléfono durante la guardia.

Los celulares van dentro de los bolsos y se guardan apagados o en silencio. Nuestra atención tiene que estar puesta EXCLUSIVAMENTE en el mar. La única excepción a esta regla son los grupos de trabajo de Whatsapp administrados por la jefatura, si es que hubiera, y que se utiliza para localizar niños perdidos, reportar tormentas con cierre de playas, etc. Sólo en estos casos se toca el celular, y se deja cuanto antes. Nuestra mirada jamás debe apartarse del mar.

15. UNIFORME

Piensen en lo importante que es en una playa llena de gente y de sombrillas el hecho de poder identificar a nuestro colega 150 metros o 300 metros de distancia, (según horario y distribución de puestos). Se trata de un compañero que tengo que socorrer si tiene un rescate o que puede tener que socorrerme a mí. Si a esto le agrego que no siempre existe comunicación por handy o Nextel y que si el viento sopla en dirección desfavorable no escucharé su silbatazo, se llega fácilmente a una conclusión que ya forma parte de nuestra rutina: permanentemente observo la conducta del/ los guardavidas de mis playas linderas. Con el tiempo conocemos sus gestos, costumbres y movimientos habituales más que ellos mismos, a la vez que nos ponemos visibles en todo momento nosotros también. Dejar de verlo puede deberse a que fue al baño, está curando una herida, etc. Para no alarmar a mis compañeros si debo ausentarme prolongadamente por alguna causa de fuerza mayor, existen señas entre los puestos que debemos convalidar y son muy importantes en la labor diaria.

En este cuadro de situación, los colores amarillos, rojo y naranja son los que priman en el mundo del salvamento acuático, tanto en los elementos de seguridad acuática como en nuestros uniformes. No sólo ayudan a visualizarnos por nuestros colegas, sino también por turistas que puedan estar necesitando de nuestra ayuda y que nosotros no lo hayamos advertido. La gente que está de vacaciones deposita en nosotros su confianza y la tranquilidad de su familia. Sin dudas se sentirá más protegido y si nos ve uniformados y prolijos en nuestro aspecto personal, seguramente tendrá mayor permeabilidad a nuestras indicaciones y las acatará mejor porque así funcionamos, juzgando de manera inconsciente a través de la imagen.

Pónganse un minuto en el lugar de ese turista que no nos conoce y a ese guardavidas bien uniformado lo desvestimos y le ponemos bermudas floreadas, una remera de grupo de rock y barba de 20 días. ¿A qué versión de la misma persona con las mismas capacidades de atención y entrenamiento le confío la seguridad de mi familia si no lo conozco? ¿A cuál de los dos se le perdonan los errores más comunes que todos podemos cometer? ¿Cuál de los dos tiene mayor imagen previa positiva y aceptación?

PROFESIONAL hay que SER y hay que PARECER.

16. IMAGEN Y COMPORTAMIENTO

Si bien es verdad que nuestra prioridad son las vidas humanas y que la imagen no cuenta a la hora de la verdad, también es cierto que debemos mantener una muy buena imagen pública coherente con nuestra tarea y con la idea de vida sana y concentración en nuestra misión de vigilancia permanente a que estamos asociados. No se trata sólo de no distraernos con nuestros celulares, cuidar nuestra imagen se traduce en reducir los daños sobre las consecuencias de nuestros posibles, humanos y frecuentes errores, porque tampoco somos máquinas y podemos distraernos o tener un mal día.

Vivimos expuestos a juicios de valor todo el tiempo de gente que nos ve trabajando y ganando dinero muchos días, en el lugar que ellos eligen para veranear, pagando e incluso pagándonos con sus impuestos. Fumar en la playa, presentarnos desalineados, sin uniforme, la ropa sucia o con nuestra mascota en el lugar de trabajo que es la playa (donde se prohíben las mascotas) NO AYUDA ni infunde la menor confianza en aquellos que debemos proteger. En el imaginario popular somos prolijos, atentos, con hábitos saludables, entrenados, descansados, bien predispuestos y uniformados, para que nos reconozcan en la multitud y puedan acudir a nosotros en caso de ayuda. Sólo con una buena imagen no se logra salvar una vida, pero sin dudas, si nos sucediera una fatalidad en la playa, sería mejor que quienes no nos conocen hayan tenido la correcta impresión de nuestra labor y no nos pongan en duda por cuestiones tan evitables como la imagen que irradiamos. No quiere decir que seamos soldados en la playa; se puede tomar mate con turistas sin dejar de prestar atención ni despegar la mirada del mar.

17. ALIMENTACIÓN

No hablaré en este capítulo acerca de la adecuada alimentación nocturna ni de dietas especiales durante el invierno y temporada baja. No soy nutricionista y tampoco es el objetivo de este libro tocar este importante tema de la adecuada alimentación de los deportistas; hay profesionales y trabajos muy serios sobre este tema que recomiendo profundizar.

Sí me referiré por experiencia propia a nociones básicas que no deben pasarse por alto si aspiramos al alto rendimiento dentro de nuestra profesión.

Lo primero que debemos saber es que cuando un guardavidas tiene sensación de sed significa que ya se encuentra en un incipiente estado de deshidratación. Para quienes disfrutamos del mate, encontramos una solución, además de una compañía y una excelente oportunidad de socializar con aquellas personas con quienes nos interese entablar diálogo. Quienes no tienen este hábito pueden cargar termos con té endulzado a gusto (recomiendo miel en lugar de azúcar) o cualquier bebida caliente o fría, que no deba conservar cadena de frío como lo es la leche saborizada o el yogurt. La bebida que nos acompañe a la playa, y debemos asegurar SIEMPRE bebida a mano, debe estar pensada para ser ingerida durante todo el turno de guardia, en cualquier momento de las seis horas que la tengamos encima disponible.

Las frutas son otra opción muy buena que tampoco requiere cadena de frío y que, aparte de nutrirnos y no demandar demasiada energía en la digestión, también nos hidrata en esos días de máximo calor.

Galletitas integrales o cereales son otra alternativa para no pasar hambre en la playa, donde se pierden muchas calorías. No podemos pasarlo mal mientras trabajamos, ni por hambre ni por sed, las dos situaciones debemos prevenir. Un guardavidas con hambre y con sed le está agregando un malestar evitable a condiciones como el viento o altas temperaturas, que son inevitables. La idea es reducir al máximo los factores evitables de incomodidad. Así como hago hincapié en el abrigo, también insisto sobre la hidratación y la alimentación adecuada.

Descartado el consumo de bebidas alcohólicas antes o durante la guardia, por razones obvias. Tampoco comidas de digestión lenta que nos resten la energía que necesitamos para estar atentos, para una corrida repentina. Debemos estar listos para rendir al cien por cien todos los días, aún los días feos. La alimentación que tengamos antes y durante la guardia debe permitirnos la libertad de planificar entrenar cualquiera de las habilidades que nuestro trabajo requiere, sin que haya sido un obstáculo lo que se come al mediodía. Asados, comidas hipercalóricas, etc. SÓLO A LA NOCHE. Tengamos presente que el proceso de digestión consume una energía importante que hace que nos dé sueño, uno de los peores enemigos en nuestra profesión.

También es bueno que sepamos que la comida más importante del día debe ser el desayuno. Completa y nutritiva, nos asegura que a los que cortamos de trabajar al mediodía ya hicimos la digestión y podemos entrenar con normalidad.

La idea es que nuestra alimentación constituya una fuente de energía, no una manera de perderla.

18. ABRIGO

Uno de los mejores consejos que pueden darse antes del primer día de guardia de un principiante es que cargue su mochila con mucho abrigo.

Las condiciones climáticas y sobre todo el viento suelen cambiar drásticamente en cuestión de minutos. Un suave y cálido viento norte o una leve brisa del oeste rota a viento sur y asegura varias horas de sufrimiento hasta el fin de la guardia si no se está bien preparado.

El abrigo que se puede usar en la playa incluye: zapatillas medio sueltas, o sea no atadas de manera de poder salir a un rescate repentino sin perder tiempo (las de neoprene andan muy bien, aunque hay que sacárselas antes de entrar al mar porque aun siendo náuticas obstaculizan la correcta patada en cualquier estilo), buzo con capucha, campera liviana rompe viento con capucha, remera de recambio, pantalón largo (si es con puño o cierre al tobillo, mejor), cuello de lycra estilo deportes de montaña, para proteger el cuello, y también sugiero remera de lycra, que sirven también para deportes náuticos y que no dificultan la natación.

Parece una redundancia pero no lo es, el hecho de usar todo el tiempo las ojotas. Al andar descalzos durante el día mojamos los pies que quedan húmedos, fríos y luego cuesta entrarlos en calor cuando desciende la temperatura. Recomiendo nunca despegarse de las ojotas porque las plantas de los pies pierden temperatura rápidamente en contacto con la superficie húmeda y fría de la arena.

Ropa técnica y liviana es la mejor opción para no parecer un mochilero cuando llegamos al puesto.

En mi caso siempre llevo abrigo de sobra, hasta medias. Es el extremo que prefiero. Pasa demasiado tiempo entre las temporadas de verano y espero mucho llegar a la costa y trabajar de guardavidas como para que me lo arruine el clima.

19. ANTEOJOS DE SOL

Siguiendo con la lista de objetos que NO PUEDEN FALTARNOS, presento a un fundamental compañero de trabajo: los anteojos de sol. He presenciado cómo algunos colegas terminaron con lesiones y quemaduras oculares específicamente durante la mañana, que es cuando en las playas argentinas tenemos el sol de frente sobre el Atlántico.

Reconozco que perdí la cuenta de la cantidad de anteojos que rompí, perdí o me robaron y que lamentablemente la mayoría eran lentes de mala calidad y con protección insuficiente para la exposición que tenemos. Es común en estos casos llegar a la noche con ardor en la vista, que no ocurre cuando hemos invertido en buenos anteojos.

Una buena correa de sostén impide que se caigan y hace que resulte más difícil perderlos. Buenos lentes nos darán más clara y relajada visión. Anteojos con lentes grandes y con protección lateral evita que, en días de viento, nos entre arena en los ojos, que es otra de las lesiones habituales en nuestro ámbito de trabajo. Un buen estuche rígido dará protección a los anteojos cuando golpeamos, nos caemos o nos sentamos encima del bolso por descuido.

Datos: Algunos lentes traen un número de filtro (0, 1, 2, 3, 4) que indica la cantidad de absorción lumínica visible, luminosidad, NO de absorción de radiación. Una lente muy oscura no necesariamente protege de la radiación UV ya que es el material el que debe absorber o repeler la radiación, no el tinte que lleva incorporado. Para esto nos sirve la protección UV400 de los lentes de sol, lo cual significa que los lentes de sol protegen un 100% de los rayos UV. Cuando escuchas que unos lentes de sol son polarizados, no significa que sean espejados ni que brinden mayor protección que los lentes UV400. Por otra parte, cuando te pongas los lentes de sol polarizados y veas el mar o la arena, incluso cuando veas el cielo, los reflejos se eliminan y es mucho más fácil ver los contrastes y los relieves en las superficies.

Por último, los lentes de sol espejados, son aquellos que tienen este efecto (valga la redundancia) de "espejo". Los lentes con espejado ayudan a reducir el resplandor, ya que pasan por un proceso donde se cubre el cristal con capas protectoras reflectantes.

Nadie duda de que la vista es el principal sentido que ponemos en juego cada día. Invertir en buenos anteojos es la única manera de cuidarla. En esta sección del libro me veo obligado a enviar un cordial saludo a mi colega, compadre y querido amigo Silvio Lapietra por todos los lentes que le perdí, aplasté o rompí a él también.

20. EL SOL

Todos los guardavidas de este lado del mundo amamos disfrutar del sol, lejos de las culturas más civilizadas como la australiana, donde los colegas lucen remeras de mangas largas a pleno día. Esta es la parte en que los dermatólogos empiezan a planificar la mejor crítica a estas palabras, pero yo y mis compañeros disfrutamos muchísimo del sol, su luz y la sensación cálida en la piel. Protectores solares con FPS muy alto (50 o más), pantallas solares y, para después de la ducha, una buena crema hidratante o aceite Jhonson (mi preferido) son obligatorias si queremos durar muchos años. Por mucho que nos guste el sol o que nos protejamos, llega un momento, después de las 11 am, en que es fundamental ponerse a la sombra, que NO PUEDE FALTAR en los puestos de guardavidas. Los que trabajamos en casitas sobre pilotes en la playa utilizamos la sombra que proyecta algún alero o las tapas de las ventanas, cuando están levantadas, y aquellos que trabajan sobre el mangrullo pueden atar una sombrilla con soga o gomas para que no se vuele, y nos tape durante esta hora tan riesgosa para la salud de la piel. Lentes y una buena gorrita de colores claros o blancos completan el combo. Si debo patrullar la orilla del mar o no se posee sombrilla y es mediodía de mucho sol, se pueden usar remeras claras de dri fit o cualquier tela que deje respirar a la piel. Si se entra a nadar, conviene el protector en la espalda y volver a colocarse, cuando nos secamos o cada dos horas. Quedaron muy atrás las jornadas completas, sin ningún tipo de protección. El color bronceado será el mismo y los daños infinitamente menores.

21. PRISMÁTICOS LARGAVISTAS

Compañero inseparable de los guardavidas, los largavistas o prismáticos forman parte de los tres o cuatro elementos insustituibles dentro de nuestro pequeño arsenal.

El mecanismo para lograr una visión aumentada se logra a través de una serie de prismas superpuestos, dentro de dos tubos que conforman el prismático, y comúnmente se regula con una ruedita giratoria sobre el ojo derecho y otra que acerca la imagen y le da nitidez, en el centro del aparato, para que enfoquemos bien.

Este elemento fundamental nos acerca las situaciones de rescate, permitiendo que tomemos decisiones a tiempo, tanto para correr hacia una víctima como para descartar una eventual situación por no configurar riesgo alguno.

Verán que existen varias medidas siendo la más usada la de 20 x 50, correspondiendo el primer número a la cantidad de aumentos del largavistas y el segundo en milímetros al grosor de la lente. Menores a estas medidas no logran la definición buscada, y mayores requieren de un trípode para mantenerlos estables y dejan de tener practicidad en nuestra función, no así para un centro de observación, como puede ser una Torre Cero o Centro de Control o cabecera central de un operativo de Seguridad en Playa.

El cuidado que debe tenerse es no caer en el abuso de este elemento porque al usarlo enfocamos lugares muy precisos y se pierde la vista panorámica, que debe ser la constante en la observación. Recordemos que en nuestro trabajo prevalece la visión panorámica y enfocamos con prismático muy pocas veces al día y es sólo para definir la situación.

El cuidado está en protegerlo de golpes, que hacen que los prismas se suelten o desacomoden dentro del elemento; del agua que lo puede empañar si ingresa dentro del aparato; del sol directo porque puede doblar el plástico distorsionando la posición de los lentes; de la arena que obstruye los mecanismos y del salitre porque nubla la visión y entorpece el funcionamiento del mecanismo de las rueditas que calibran la imagen. Mantenerlo limpio, colgado en su estuche o funda siempre a mano (y en mi caso lejos del alcance de mi descuidado compañero de puesto) aseguran la vida útil de este elemento de tanta ayuda.

Las embarcaciones llevarán binoculares náuticos que no se empañen, sean impermeables y floten. Si tienen el sistema de telémetro, mucho mejor, aunque no es imprescindible. Un telémetro es un dispositivo capaz de calcular las distancias de forma remota y se utiliza para calcular la distancia que hay entre la de la embarcación y la de un objeto concreto. Los telémetros tienen dos escalas graduadas (una horizontal y otra vertical) que ves cuando miras por los prismáticos. Es decir, se ven las imágenes como con unos prismáticos normales pero con la escala superpuesta.

Unos binoculares más potentes y con trípode son los indicados para el puesto o Cuartel Central del Operativo de Seguridad en playa, como veremos más adelante.

22. CASETAS O REFUGIOS

Hoy es impensable para nadie que se trabaje sin las famosas "casitas" de guardavidas. Considero que debería haber una por cada bajada o playa y no se puede concebir un operativo de seguridad en playa sin, al menos, una cada dos puestos. ¿Por qué? Muy sencillo, no sólo para guarecer al guardavidas del sol, la lluvia y el viento constante sino también para guardar aquellos elementos de rescate, como tablas espinales o collares cervicales que no pueden llevarse y traerse todos los días desde la casa a la playa. Salvavidas, tubos de O2, reposeras o sillas de playa, el mástil con los juegos de códigos, etc, etc, etc. No todo se puede acarrear todos los días. Se hace necesario tener un lugar con candado, para al otro día iniciar la labor con todos estos IMPRESCINDIBLES elementos a mano.

Las casetas que desde hace ya más de 20 años venimos armando en la Costa Atlántica están montadas sobre pilotes enterrados en la arena de la playa (no sobre el médano porque se pueden caer por acción de mareas extraordinarias o viento si se desmorona el médano) Se espera a la bajante máxima para enterrar bien cada pilote, preferentemente de madera dura y luego de armado el deck, al menos a dos metros de altura de la arena, montamos los paneles de madera ensamblándolos entre sí y por último con el "cubo" ya encastrado, colocamos el techo como si fuera un sombrero. Todo pre armado y desmontable para que sobrevivan a los inviernos. Así es como nos hemos organizado previamente a que el estado nos provea de este imprescindible elemento.

Ubicar la casita en el centro del deck nos dará refugio para cualquier tipo de viento dado que se usan los laterales para repararnos; el derecho para el viento norte y el izquierdo para el viento sur. A su vez, una ventana plegable hacia arriba (bisagras en el borde superior) que actúa como si fuera una tapa, nos protege del sol al mediodía y a la tarde. También se le puede adosar un cartel de PROHIBIDO BAÑARSE para que quede expuesto al público cuando estamos fuera de servicio y la caseta cerrada.

Sabemos que cuando llueve, debemos refugiarnos en el lugar techado más cercano a la playa. ¿Qué mejor que quedar en la playa misma dentro de nuestro propio puesto de trabajo? Por supuesto siempre y cuando no haya tormentas eléctricas que pongan nuestra seguridad en riesgo. En ese caso uno se retira de la playa para volver cuando las condiciones sean seguras.

Cada uno de nosotros debe asumir el compromiso de cuidar, mejorar y mantener el orden e higiene de cada casita. Algunas son de un lujo increíble y otras, como la mía, parecen una trinchera de la segunda guerra mundial; algunas se barren todos los días, tienen cuadros colgados, espejos, alfombras mientras que en otras se ingresa a la mañana con temor a que algún reptil o animal salvaje la haya tomado como propia durante la noche, pero todas cumplen con la misma misión de mejor visión panorámica, refugio y realmente brindan un plus de seguridad por sobre las playas que no las tienen.

23. COMUNICACIÓN

Si hablamos de trabajo en equipo, tenemos que hablar de la comunicación, que es el eje de cualquier servicio de emergencias, y el nuestro no es la excepción. Lamentablemente poco o nada se ha avanzado en nuestro litoral marítimo a este respecto, aunque hay que aceptar que, al menos, tenemos un norte hacia donde apuntar. Hoy sabemos que la comunicación entre puestos de guardavidas, aún entre los linderos, DEBE ser mediante handys. Tocar silbato y esperar a que nuestro compañero nos escuche y venga a ayudarnos es, en el mejor de los casos, muy folclórico y romántico.

En mi caso particular, la mayor parte del día soy puesto de punta y estoy solo en mi guardia por lo que hacia el norte (mi izquierda) no tengo compañero alguno que pueda oír un silbatazo. A mi derecha, tengo a otro puesto a 150 metros y si ese día, mientras estoy corriendo a un salvamento, tengo viento sur, puedo estar seguro de que ningún colega escuchará mi alerta porque, como es sabido, el sonido viajará a favor del viento. Ni qué decir cuando a ese único compañero de la derecha lo tengo a 300 metros porque estamos en el horario no pico y hay menor cantidad de puestos abiertos... No hay viento que ayude a esas distancias, y son muchos los momentos de la temporada baja o de horario con menor público en que estas situaciones se repiten. Por lo tanto, la comunicación rápida, escueta pero que no depende de las antenas de telefonía celular que muchas veces nos dejan sin servicio, es la ideal.

Quien haya trabajado con handys contiguos en cada playa sabe de lo que estoy hablando. Los rescates pueden anticiparse y prevenirse mejor a un colega desatento que se distrajo un segundo y lo puedo alertar. Al preavisarse de situaciones riesgosas entre colegas bien comunicados da mayor tiempo, es menos traumático, menos explosivo. Se puede planificar el trabajo preventivo con uno en la torre más alejada y otro al pelo del agua, con menor vista panorámica pero más cerca de las posibles víctimas.

Es una solución inmediata para los niños perdidos (los grupos de whatsapp para estos casos dependen de la carga de datos y acceso a internet que tenga de forma personal cada guardavidas) o para cuando hay que auxiliar a un accidentado. Se avisa cuando se está practicando una curación, por ejemplo, o atendiendo otro problema de playa, para que los compañeros de al lado vigilen con mayor intensidad el sector de playa que está con menor atención momentánea. Una mordedura de un perro, heridas con anzuelos, erupciones de piel por contacto con medusas distraen nuestra atención por períodos de tiempo y no lo podemos avisar a silbatazos, sólo por handy.

No digo que el silbato no deba estar en nuestro cuello, tiene un valor simbólico para que nos identifique el turista y a la vez puede ser un último recurso. Es buen alerta para frenar a un vehículo que se filtra en la playa o hasta para alertar a nuestros compañeros durante un rescate, cuando aparecen otras víctimas a las que ya teníamos, por ejemplo. Es buen mecanismo para llamar la atención a propios y extraños cuando los gritos no sirven. Repito, el silbato NO DEBE SER DEJADO A UN LADO, pero que eso no signifique que no incorporemos las herramientas que tenemos a nuestro alcance, como las radios o handys tanto VHF, (se necesita operar con una licencia y una frecuencia cedida por el órgano competente que es el ENACOM (Ente Nacional de Comunicaciones en la Argentina) o sino, en la banda de radio UHF, que es de uso doméstico y tiene por lo tanto menor alcance y diez bandas en promedio para comunicarse sin necesidad de autorización. Estos handys se compran de a pares en cualquier casa de camping y son bastante baratos, con baterías recargables.

En la playa donde funciona la base central del operativo debiera existir una antena amplificadora con buen alcance y potencia, para mantener unificada y garantizada la comunicación del EQUIPO DE GUARDAVIDAS, y de esta manera se coordinan las acciones del resto de la playa con la Policía, Prefectura, Servicio de Emergencias Médicas (ambulancias), Hospital, etc... Cada sector o ciudad debiera tener esta Torre o Base Central que conozca la dinámica a cada minuto (guardavidas lesionados, derivaciones por emergencias, mecánica de las embarcaciones, reemplazos por enfermedad, etc.), alertando en cada caso para las soluciones pertinentes. Este centro del operativo actúa como el cerebro del cuerpo de guardavidas de cada localidad. Sin un cerebro, cada parte del cuerpo hace lo que cree necesario y esto no es lo más armonioso, ni operativo, ni económico.

Las embarcaciones TAMBIEN DEBEN CONTAR CON COMUNICACION RADIAL, con sus correspondientes fundas náuticas aseguradas, para que no caigan al agua y se pierdan los equipos. ¿Cómo se le avisa si no de un pedido de ayuda a una embarcación que ese encuentra patrullando o haciendo prevención? ¿Telepatía?

Dado que comúnmente las comunicaciones por radio sufren de interferencias y por lo tanto el efecto de *lluvia* hace que se dificulte entender las palabras, se utiliza mucho este código, que con solo tres letras puede enviar un mensaje o una respuesta. Si bien se desarrolló para la comunicación telegráfica, se lo utiliza por ser muy cómodo y estos son los términos más usados:

QAP: Estoy atento, a la espera
QSL: Afirmación, comprendido
QRV: Listo para recibir.
QTH: ¿Cuál es su posición?
CQ: Llamada general
QRT: ¿Debo cesar de trasmitir?
QRX: ¿Cuándo volverá a llamarme?
QTL: ¿Cuál es su rumbo?
QAB: Mi destino es...
QSB: La señal se desvanece
QRU: ¿Cuál es su estado?

Acostumbremos a no ocupar estos canales de emergencias con diálogos que no sean de este tipo, escuetos, precisos y lo más cortos posibles sin ahorrar datos de importancia.

24. LA LLAMADA ANTE EMERGENCIAS

Desde el primer día de guardia en cualquier playa tenemos que tener memorizado y pregrabado en el celular al teléfono para recurrir ante una emergencia (por definición esta palabra incurre riesgo de vida). No puede pasar que en estas situaciones límites llamemos desesperados al jefe o al compañero de al lado para preguntarle a qué teléfono llamar cuando es algo que existe desde el día 1. Voy a pasar algunos tips para tener en cuenta a la hora de hacer esa llamada:

- Hablar fuerte y claro, presentarse dando nombre y apellido, función, LOCALIZACIÓN exacta y descripción del caso por el cual llamo.

- Jamás cortaremos nosotros la comunicación, es la única forma de cerciorarse que la otra parte recogió todos los datos necesarios para despachar el móvil.

- Recuerden que por cuestiones legales los centros que reciben estas llamadas graban las conversaciones por cuestiones legales. Esto nos juega a favor en posibles litigios futuros o en contra, de acuerdo a nuestro mayor o menor profesionalismo

- Cuando pasamos los datos sobre el estado de salud de la víctima o paciente (puede tratarse de una descompensación en la playa que no derive de un accidente, si no de patologías previas) vamos a tener en cuenta la siguiente información vital que se debe brindar al receptor de la llamada para que el el equipo médico que intervendrá se vaya preparando en el camino con el equipamiento para cada caso. Palabra nemotéctica, por sus iniciales es **SAMUE:**

    1. SIGNOS: Son aquellos detalles significativos que percibo de la víctima a través de mis sentidos (la víctima está lastimada, cianótica, respira o no respira, miembros con deformidad, etc.)
    2. SINTOMAS: Es lo que la víctima o paciente nos relata que está sintiendo en primera persona (dolor, desvanecimiento, pérdida de sensibilidad, etc.)
    3. ANTECEDENTES: Le pregunto por sus antecedentes médicos (¿es diabético, epiléptico, sufre desmayos, etc.?) Si no está consiente, indago a sus conocidos o familiares.
    4. MEDICACION: ¿Está bajo los efectos de alguna medicación o sustancia? Averiguo y también lo comunico.
    5. ULTIMA INGESTA: ¿Cual fue y a qué hora?
    6. EVENTOS PREVIOS: A la agudización de su enfermedad o accidente

- Pasados estos datos nos aseguramos que nuestra localización está siendo clara para evitar que la dotación del móvil se pierda o se demore. Indicaremos si deben bajar con tabla espinal para el traslado de la víctima, si hay obstáculos (médanos, troncos, ausencia de acceso a la playa con la ambulancia, etc.) para coordinar el mejor lugar de acceso o de encuentro si el caso lo permite ya que puedo acelerar la evacuación bajo ciertas circunstancias teniendo tabla espinal.

- Espero las instrucciones pre arribo si las hubieran. A veces y dependiendo de la gravedad de la patología, si hubiera mucha demora nos indicarán qué hacer hasta la llegada de los profesionales de la salud.

Uno no debe ponerse nervioso ni empañar el fluir de la comunicación cuando nos hacen todo este interrogatorio, presuponiendo que cuanto más tiempo nos tengan al teléfono, más demorarán en despachar a la ambulancia. Esto no es así porque los centro de recepción de llamados de emergencias como el 107, 103 o 911 tienen que tener tanto RECEPTORES de llamadas de emergencias como DESPACHADORES, que mientras uno está al habla con un código rojo (así se denominan las emergencias), el otro va despachando al móvil para no perder el tiempo.

Si los datos fueron fidedignos, profesionales y completos, el personal de la unidad irá preparando las drogas o maletines que usarán y que son diferentes para un parto, un quemado, un traumatismo o un cardíaco.

25. LOS CÓDIGOS DE SEÑALES ENTRE GUARDAVIDAS

La comunicación NO VERBAL completa el cuadro de códigos comunicacionales que un equipo de guardavidas profesionales tiene que establecer, comunicar a cada parte del plantel y luego respetar, consensuando señas muy simples y fáciles de asimilar que pueden ahorrarnos minutos muy valiosos en situaciones que pueden ser desesperantes.

¿Por qué no consensuar una señal como por ejemplo (puede ser cualquier otra que el equipo crea viable) los dos brazos en cruz sobre la cabeza, para indicar que la víctima que vine a rescatar se encuentra fondeada, si ya se usa en otros países y está homologada por ILS? Aquellos guardavidas que la vieran desde la playa ya estarían DISPARANDO UN PROTOCOLO DE Búsqueda y Rescate, para rastrillar la playa junto a sus colegas, o en el caso de una mano agitándose a uno y otro lado, pidiendo una ambulancia acorde con un paro respiratorio, se pondría en funcionamiento un protocolo para que el DEA más cercano esté esperando en la playa y se ganarían MINUTOS VITALES PARA LA VÍCTIMA.

Esto no es ninguna genialidad ni se me ocurrió a mí, esto YA EXISTE y se emplea hace muchos años en sociedades más organizadas o que valoran más las vidas humanas. Sociedades más avanzadas y no desde lo tecnológico sino sede lo humano. Los avances que necesitamos urgentemente no son tecnológicos, si no de educación, de moral y de respeto y valor al trabajo que tenemos que hacer. Avances en la maduración, comunicación y crecimiento para TRABAJAR MEJOR. Nada más ni nada menos. Cuando se piensa en la magia de poder salvar a alguien en fracción de segundos, sin más recursos que el propio cuerpo, también sepamos que existe otra magia que es la de poder organizarnos mejor para ELIMINAR EL ERROR humano, que es el que nos puede hacer fracasar.

Si se pudo haber prevenido no es un accidente.

Conocer estas falencias y no hacer nada para solucionarlas, aunque sea un guardavidas raso como yo, no me exime de responsabilidad, ME HACE COMPLICE.

Desde el momento en que asumimos este trabajo asumimos un COMPROMISO con la prevención y el mejoramiento de la actividad. Quienes, al menos lo hemos intentado, dormimos tranquilos.

Señales internacionales desde el mar hacia la orilla:

Necesito asistencia — Victima perdida/ sumergida — todo bien/ ok

1. **Pedido de Asistencia** (Una mano agitándose hacia uno y otro lado): El guardavidas necesita ayuda de uno o varios colegas y asistencia médica en playa. Posible caso de RCP.
2. **Víctima Sumergida** (Brazos cruzados sobre la cabeza): El guardavidas indica la desaparición de la víctima fondeada.
3. **Situación bajo control** (Una mano sobre la cabeza): Todo OK.

Por supuesto que existen mayor cantidad de señales físicas, sonoras y lumínicas homologadas por ILS y usadas alrededor del mundo, entre colegas que deben comunicar diversos mensajes que a veces incluyen movimientos de embarcaciones, búsquedas, evacuaciones y situaciones que no tenemos habitualmente en nuestras playas. Sólo transcribo las que se adaptan a nuestra realidad actual con el afán de que las copiemos y traslademos para mayor crecimiento profesional. Puntualmente estas tres señales pertenecen a la categoría de señales que comunican a los guardavidas que están en el agua con los de costa y fueron diseñadas porque, en este tipo de situación, carecemos de otro elemento de comunicación. Si el rescatador estuviera montado de rodillas sobre una tabla de rescate sería mucho más visible desde la playa.

Señales desde la orilla al mar: Basados en la realidad de nuestras playas con olas y la poca visibilidad que tenemos de nuestros compañeros cuando estamos en el mar, y sobre todo en la zona detrás de las rompientes que es donde ocurren los rescates, se hace muy difícil que esta serie de señales entre colegas tengan efectividad. Distinto sería si trabajáramos en superficies acuáticas calmas y planchadas como la superficie de un lago, por ejemplo. De las 4 señales que describe ILS, sólo me voy a permitir sugerir una de ellas por creerla realmente útil, que la realiza el guardavidas que queda en la costa con un brazo ***en dirección a víctimas, que el rescatista que está en el mar no está viendo***, y con el otro brazo girando en círculos sobre su cabeza.

Nos suele pasar que entramos a rescatar a alguien y hasta que llegamos se multiplican las víctimas. A veces somos varios los guardavidas y puede pasar que alguno de nosotros vea o detecte víctimas que otro no vio, por su diferente posición en el mar; porque estaba ocupado con otra víctima; haciendo un remolque o colocando un elemento de flotación, etc. Me ha tocado estar en medio de un rescate cuando, en paralelo, surgen otras víctimas y creo que esta seña nos hubiera servido mucho más que los silbatazos alocados que nos lanzamos para avisarnos a la distancia.

26. TERMINOLOGÍA

Mejor que vayan incorporando las palabras y términos que por usos y costumbres empleamos en la costa atlántica argentina para hablar con propiedad entre colegas desde el primer día y que la comunicación sea eficiente.

"Realizar una Prevención": Esta frase involucra el acto de acercarse a la/s persona/s que se encuentra en situación de potencial riesgo y sin introducirse al mar. Se levanta el elemento de rescate (salvavidas) para hacernos visibles y hacemos sonar silbatazos cortos para llamar la atención y solicitar que se acerquen a nuestra posición. Conviene explicar cuál es la situación que se quiere evitar (trasmallos sumergidos, chupones, bancos de arena cortados, canaletas poceadas e irregulares, etc.) de manera tal que el turista entienda el porqué de nuestra acción preventiva y quede agradecido y alerta. Esta explicación no es menor, no sería la primera vez que cuando el guardavidas se retira, ellos vuelven a ingresar a la zona peligrosa sabiendo que no serán reprendidos ni expuestos ante el resto de los turistas de la playa.

La colocación de banderas rojas en mástiles sobre la arena a la altura de estas áreas de peligro no nos quita la obligación de tener que acercarnos a dar las explicaciones del caso a los bañistas. Sabemos que los argentinos somos transgresores y siempre nos corresponde advertir y aún exagerar en estos casos.

"Realizar una Asistencia": Así lo llamamos cuando sabiendo que con la prevención no alcanzará, nos metemos al mar y SIN NADAR, o sea haciendo pie, simplemente damos la mano o un empujón a alguien que lo necesita para salir hasta la orilla. Muy frecuente con los niños que se adentran y luego no llegan a cruzar la canaleta porque salen por un sector más profundo del que ingresaron, o el mar estaba en creciente y cuando egresan del banco de arena ya se encuentra más profundo y no pueden cruzar la canaleta por no saber nadar. No se toca silbato en las asistencias pero sí se comunica a los compañeros levantando el torpedo o vía handy. Habitualmente el guardavidas se anticipa y hasta evita correr por la playa, algo que por cierto SÓLO DEBE HACERSE ANTE RESCATES O SALVAMENTOS.

"Rescate": Es la acción de ingresar al mar de urgencia por la inminencia de una víctima próxima a asfixia por inmersión, SIEMPRE recalcando que esta acción se efectúa con salvavidas y tocando silbatazos fuertes y más continuos que los de una prevención. Involucra una fase de natación y remolque.

"Salvamento": Cuando la fase de natación y posterior remolque se extiende a una simple seguidilla de brazadas, o las víctimas son múltiples y están alejadas entre sí, de tal modo que participan más de un guardavidas, en este caso decimos que estamos en presencia de un salvamento. Por definición es un rescate más largo y por lo tanto conlleva una complejidad mayor.

Esta terminología es muy importante para completar los formularios de estadísticas de intervenciones, donde se expresa horario, playa, estado del mar, sexo y cantidad de víctimas, etc., todo atinente a evaluar a fin de temporada y reforzar aquellos horarios y playas más vulnerables, basados en argumentos serios y certeros que funcionarán de argumento a las autoridades que asignan los recursos previos a las temporadas.

27. VIGILANCIA Y TRABAJO EN TORRE O MANGRULLO

La mayor parte de nuestra jornada laboral para los días de buen clima o mucha concurrencia la pasaremos subidos a la torre o mangrullo que la municipalidad o balneario nos tiene que proveer. Esto nos da proximidad a la orilla del mar y una visión más elevada y mejor de los bañistas, a la vez que nos pone visibles con nuestros colegas de los dos costados. Son muchas las horas y los días que pasaremos subidos a estos parapetos de observación, por lo que se deduce que debemos estar lo más cómodos posibles. Van algunos tips a tener en cuenta:

- Silla o reposera lo más cómoda y a la vez chica posible para que no nos quite lugar.

- Lona con soga para taparnos del viento atándola a los laterales de hierro o madera.

- Sombrilla para cubrirnos del sol en el horario pico cuya base estará atada con soga o tiras de goma para evitar el riesgo a que se suelte por acción del viento y produzca un accidente con turistas.

- El salvavidas debe estar enganchado de modo tal que no nos ocupe una mano al bajar del mangrullo y que sea fácil de agarrar ante un rescate.

- Bajar con cuidado aún en las circunstancias más extremas, de nada sirve lesionarse por uno o dos segundos que se pueden ahorrar saltando.

- La vigilancia se hace mirando alternativamente hacia uno y otro lado, en el espacio de mar comprendido entre mis dos compañeros de los costados. De nada sirve distraerme vigilando la playa que tengo a dos puestos de distancia (ya sea hacia derecha o izquierda) porque pierdo atención en la mía, salvo en circunstancias especiales.

- Si veo que en el puesto de al lado está ocurriendo una situación de rescate y mi colega no lo vio, y no tengo radio para avisarle, no importa, me meto igual y lo alerto tocando silbato como si fuera mi playa. Nadie en su sano juicio se ofendería porque el colega ladero ingresó a un rescate estando distraído el responsable de la playa.

28. DETECTAR A UNA VÍCTIMA

Lo que más inquieta a cualquier guardavidas que está haciendo sus primeras guardias es reconocer a tiempo cuando un bañista se trasforma en una víctima o, mejor dicho, reconocer el momento exacto para entrar en acción porque una persona se está empezando a ahogar.

La serie de TV Baywatch nos mal acostumbró con esas víctimas de manual agitando los brazos y pidiendo auxilio a gritos con un despliegue de energía que, de poseerlo, lo usarían para salir nadando. Esto no ocurre en la mayoría de los casos. Lo habitual es que debamos reconocer estas situaciones por signos característicos que nos dan la experiencia y la instrucción previa.

Como parámetro general, cualquier conducta que salga de lo habitual en el comportamiento promedio de los bañistas debe ser observado particularmente:

- Personas con el agua a la altura de la barbilla que se mantengan estáticas con la mirada fija hacia la playa y los brazos extendidos hacia adelante.

- Personas en la misma posición pero con los brazos sumergidos y con el cabello sobre el rostro.

- Bañistas que se mantengan nadando torpemente siempre en el mismo sitio, sin poder avanzar, apuntando a la playa.

- Turistas que corren hacia el mar a máxima velocidad o nadan desesperadamente hacia otro bañista pueden estar intentando auxiliarlo.

- Atentos a posibles llamados de atención de la gente que advierte o escucha un pedido de auxilio antes que nosotros. Suele suceder que se percaten de alguna situación de riesgo y nos miren alternativamente a nosotros y a la posible víctima, o llamen nuestra atención de otro modo.

- Turistas que se bañan con ropa indican poca cultura de playa, mucho menos de conocimientos de natación y de los peligros del mar.

- Cada persona que cruza la rompiente debe ser mirada con atención y advertida ante cualquier duda que nos genere.

- Niños pequeños que se bañan en la canaleta donde, en la parte más profunda, no hagan pie aunque todavía no lo hayan notado.

- Personas alcoholizadas.

- Personas que se están ayudando mutuamente o están muy encimadas puede tratarse del abrazo de una pareja o un intento de ayuda sin técnica.

- Partidos de fútbol masivos al límite del horario de cierre. Tener en cuenta que, al finalizar, van a entrar al mar con seguridad y posiblemente ya no estemos para socorrerlos.

- Ante cualquier duda, advertir al bañista. Si la duda persiste o el bañista no está a nuestro alcance para poder hablarle, recomiendo el uso de prismáticos para definir la situación, acercando la imagen que necesitamos ver.

- Si veo que la posible víctima se está riendo y disfrutando, aunque reproduzca todos los indicios que acabo de describir, seguramente no está en peligro.

- Alguien que esté haciendo pie puede igualmente estar en peligro, acalambrado, con un hombro luxado, anzuelos clavados o no pudiendo volver a la playa por la fuerza del reflujo del mar. Estas situaciones también se definen con el uso de prismáticos, observando la gestualidad.

Lo más importante ante la duda es ACTUAR. No estoy de acuerdo con la teoría de "dejar madurar" los rescates hasta que estén más definidos o que la víctima pida ayuda. Ante la duda hay que ahorrar tiempo, achicar distancias, avisar a mis compañeros por handy indicando que me acerco a una posible situación de rescate. Caminando rápido, al trote o en bicicleta, según el caso, las distancias, la cantidad de víctimas o la premura del caso, incluso ingresando al agua hasta la cintura y elevando el salvavidas por sobre mi cabeza, para hacerme visible por las posibles víctimas, toco silbato y exijo por señas que salgan de esa posición que me genera dudas y se acerquen a la playa para poder advertirles. Si son toques de prevención serán silbatazos cortos y fuertes, para diferenciarlos de los toques largos de un rescate ya definido.

29. DESARROLLO DEL RESCATE

Llegado este punto posterior a haber efectuado una *prevención*, tenemos tres posibles reacciones de los bañistas en apuros:

1. *Nadan sin dificultad hacia nosotros lo cual es la mejor alternativa.* Significa que estamos atentos y que entendemos el valor del acto preventivo en nuestro trabajo. De ninguna manera hay que avergonzarse si esto sucede cuando la presunta víctima termina siendo un buen nadador. Le advertiremos del estado del mar o de los peligros de ese lugar en particular y estaremos transitando el mejor de los dos extremos hacia donde un guardavidas puede ir, que es el de la máxima atención y celo por su trabajo.

2. Otra opción es que las potenciales víctimas *naden imperfectamente, sin avanzar y con dificultades para mantenerse a flote*: RESCATE.

3. Al ser advertidos y viendo nuestra presencia *nos piden ayuda*: RESCATE.

Así es como se define un rescate que venimos siguiendo previamente y no nos toma por sorpresa, gracias a que estamos muy atentos. Nos habremos acercado lo suficiente como para haber achicado la distancia de pedestrismo. Sólo resta tocar silbato fuerte y continuo, antes de empezar a nadar con el elemento de rescate que hayamos elegido, sin perder el contacto visual con la víctima, lo más recto hacia ella posible sin quedar nadando contra corriente.

En la aproximación le ofreceré el elemento de flotación hasta que lo tome con ambas manos, lo calmaré y una vez asegurada la víctima, procederé a la espera de mis compañeros o me prepararé para un arrastre en solitario hacia la costa. El tipo de elemento de flotación y el número de guardavidas y de víctimas nos indicará el método de remolque que usaremos, teniendo en cuenta que el rescate termina en la arena, NUNCA ANTES. Jamás se debe soltar antes a la víctima, aunque haga pie y le dé vergüenza exponerse al público que se junta en la playa en estas situaciones. Pueden acalambrarse y caerse, desvanecerse, infartarse por el esfuerzo, en personas cardíacas, y si eso sucede previo a llegar a la playa seca, volvemos al riesgo de ahogamiento, sobre todo teniendo en cuenta que nuestro Mar Argentino es turbio y muchas veces revuelto hasta con el agua a la cintura. Difícil rastrear a una víctima sumergida y perdida con esas condiciones.

Si la víctima una vez en la playa se encuentra descompensada, hipo o hipertensa, tragó o respiró agua salada o simplemente percibo cualquier signo de alarma, debo pedir una ambulancia para que personal médico la evalúe y defina o no su traslado a un centro de salud. No es ése nuestro trabajo y DEBEMOS VOLVER AL MANGRULLO ***una vez que la víctima esté en buenas manos***. No corramos riesgos inútiles y volvamos rápido a nuestro puesto de trabajo, recordando que nuestra misión es de rescate y no de evaluación de pacientes. Mientras tanto y hasta que llegue la asistencia médica apropiada, brindo los primeros auxilios mientras mis compañeros me cubren, y si estoy sólo, sin quitar por mucho tiempo la vista del agua.

30. LAS FASES DE UN RESCATE

- *DETECCIÓN de la Víctima:* Mediante signos y comportamientos particulares determinamos que ese bañista se convirtió en una potencial víctima. Damos comienzo a la acción de rescate.
- *ALARMA a mis compañeros:* Una vez definido el salvamento, se comunica a los guardavidas linderos, mediante handy o silbato, anunciando el comienzo del rescate.

- ***Fase Terrestre:*** Sin perder de vista a la/s víctima/s, me dirijo hacia el sitio que juzgo más apropiado para ingresar al mar SIEMPRE CON EL ELEMENTO que haya seleccionado y regulando la velocidad por el desgaste posterior, dependiendo de la distancia que debe recorrer hasta el mar. Durante la corrida se calcula la deriva y por lo tanto así es como se elige el mejor lugar para ingresar al mar, tomando como referencia a la víctima y teniendo en cuenta sus desplazamientos por los efectos de la deriva por la marea, viento, etc.

- ***Fases Acuáticas:***
    1. *Ingreso al mar:* Corriendo cuidando donde piso para no romper un tobillo en un pozo, se mira la superficie, intentando identificarlos con vista panorámica.

2. *Delfineo:* Mediante una serie consecutiva de zambullidas me impulso, mientras hago pie para avanzar más rápido y cortar mejor las olas.
3. *Natación hasta la víctima:* Intercalando brazadas estilo crawl con cabeza fuera del agua, para no cortar el contacto visual, me aproximo a la víctima a máxima velocidad.
4. *Aproximación:* Previo al contacto físico con la víctima, ofrezco el elemento de rescate para que lo tome, lo agarre, se mantenga a flote, se sienta segura y me permita asegurarla y trabarla, según el método de remolque que luego elija para salir.
5. *Remolque:* De acuerdo con la cantidad de guardavidas actuantes y al elemento seleccionado, se determinará qué remolque se usará para salir. Los equipos de guardavidas deben tener previamente entrenado y pactado este tema; no sirve discutirlo durante un rescate.

Como vengo sosteniendo desde que lo usé por primera vez, sugiero el uso del suncho de rescate. La víctima flota por sí misma con este real "abrazo de goma" y se hace muy cómodo para cualquier método de remolque. Al igual que muchos de mis compañeros, yo uso el método de remolque "Doble axila", con el estilo de natación "pecho invertido", o sea, nadando boca arriba, tomando a la víctima de sus dos axilas y con patada de pecho. Me permite volver hablándole, dando tranquilidad.

Si los guardavidas son dos, también se coloca a la víctima boca arriba con cualquiera de los elementos de sostén y bien trabada, se la remolca uno de cada axila o brazo con patada y brazada de over (tijera).

Existen otros métodos de trabar y remolcar a una víctima en solitario, pudiendo hacerlo "en banda" con un brazo por sobre su tórax, trabando en la axila, la cadera del guardavidas trabando y elevando la de la víctima y regresando también estilo over lateralizado o "doble brazo trabado", para quienes tienen brazos largos y lo pasan con la víctima boca arriba, por debajo de los dos brazos de ella entre su espalda y bíceps, también se regresa nadando over con esta particular patada lateral de tijera.

Si los guardavidas son tres, a los dos rescatistas a ambos lados se agrega un tercero, nadando con la bandolera del elemento de rescate puesta, traccionando al resto de regreso a la playa. Es importante que, durante el cruce de la rompiente, uno de los rescatistas cubra el rostro de la víctima para que no trague o respire agua y mucho menos se nos suelte por una ola que le rompa encima. Justamente es una de las ventajas del suncho el hecho de brindar esta seguridad adicional a la flotación.

6. *Regreso al Puesto*: Con la víctima rescatada y ya fuera de peligro o en manos de personal médico especializado, regresamos a nuestro puesto de trabajo (siempre y cuando el médico a cargo nos libere de tareas) SIN QUITAR LA VISTA DEL MAR, dado que lo más probable es que las condiciones marinas que posibilitaron que haya un rescate persistan y puedan provocar otro (bajante fuerte, profundidad de la canaleta, chupones, etc.)

31. CUANDO INTERVENIR. PATRULLAJE

Esta es la primer pregunta que nos hace un guardavidas novato o aspirante.

1. Conceptualmente en un rescate de una sola víctima entra el guardavidas de la playa correspondiente más sus dos laderos.
2. *Los guardavidas que están a dos puestos de distancia no deben ingresar en los rescates* salvo que se trate de salvamentos que se están complicando demasiado y haya riesgo para los involucrados. Se justifica hacerlo estos casos solamente. La demora en salir de mis compañeros, si no hubiera riesgo, no lo amerita. Es común correr hasta la playa vecina que se ha quedado sin guardavidas y desde ahí mirar las dos playas, la que quedó vacía y la mía, mientras observamos en la de al lado el desarrollo del rescate y hasta que todos (víctimas y rescatadores) vuelven sanos y salvos a sus lugares de trabajo originales.
3. Si vemos que la cantidad de guardavidas será la suficiente, NO intervenimos. Es más importante en estos casos quedarse cuidando las playas que han quedado vacías sin guardavidas.
4. Si se trata de un rescate de víctimas múltiples, y veo por el desarrollo que con mis compañeros que ingresaron al mar no está siendo suficiente, se ingresa para colaborar en el salvamento.

5. En todos los casos se tendrán en cuenta estos conceptos de no abandonar varias playas en el afán de ayudar a los colegas innecesariamente. A veces ocurre que la playa ladera al rescate tiene puesto doble y en esos casos, y si es sólo una víctima, suele ingresar sólo uno de los dos guardavidas mientras el otro se queda vigilando.

Los *conceptos para patrullar* son muy sencillos: hay que caminar por el pelo del agua, salvavidas en mano, con la indumentaria mínima para no perder el tiempo si ocurre una situación de rescate, la mirada en el mar aunque nos detengamos a hablar o a dar indicaciones a alguien, lo más equidistante de los puestos laderos que sea posible para que no queden grandes distancias descubiertas; y tener en cuenta que al patrullar por la playa, se gana en contacto con los turistas pero se pierde visión periférica y de altura.

32. TRABAS Y ZAFADURAS

Esta materia que vemos en teoría y práctica durante los cursos de guardavidas, al igual que los métodos manuales de resucitación, no sirven más que para dar una cuota extra de seguridad al aspirante a guardavidas, más en la realidad NO SE APLICAN.

Estas prácticas en donde supuestas víctimas desesperadas agarran al guardavidas que se encuentra desprovisto de elementos de rescate o flotación simulan lo peor que nos puede pasar, que es justamente quedar a merced de una víctima desesperada que nos empieza a ahogar. Mediante estas trabas y zafaduras extraídas de técnicas de artes marciales, logramos dominar el pánico, soltarnos de distintos tipos de abrazos y, a la vez, trabar a la víctima, quedando en posición para el posterior remolque. Son zafaduras que logran mantener algo de distancia con la víctima, sin perder el contacto y, mediante torsiones (llamadas "martillo abajo" y "martillo arriba" en el ámbito de nuestro país) en las articulaciones de hombro, codo y muñeca, se logra controlar la situación, dejando a la víctima al borde de la luxación pero sin ganas de seguir peleando.

No me voy a tomar trabajo en describirlas porque los guardavidas de mar NO USAMOS estos métodos. Preferiría que los cursos de guardavidas utilizaran ese tiempo de instrucción en dominar otras técnicas como, por ejemplo, de paleo en kayak o de remada sobre una tabla de rescate. Estos métodos pertenecen al pasado y no por el hecho de ser repetidos hasta el cansancio tuvieron vigencia NUNCA.

En 28 temporadas jamás escuché de ningún colega de ninguna playa que haya empleado estos métodos de "Martillo abajo y arriba" (técnicas que se enseñan en los cursos de guardavidas de Argentina) para trabar y remolcar víctimas. Seamos cautos como para no dejarnos agarrar o hundir por una víctima. Me ha ocurrido de acudir a salvamentos múltiples en solitario y tener que dejar el salvavidas con la primera víctima, en días de mar picado y con viento del este. Cuando la segunda víctima a quien llegué sin elemento se desesperó, simplemente me dejé hundir y me soltó, tal cual recomiendan en los cursos de guardavidas de otros países.

Tengamos esto en cuenta:

- No entrar jamás sin elemento.
- Si la víctima me agarra porque me tomó desprevenido, me hundo para que suelte.
- Una vez tranquilizada, se coloca a la víctima horizontalmente boca arriba para que lo más relajada posible logremos remolcarla a la playa o esperar la ayuda de algún colega.

33. NOCIONES BÁSICAS DE BUCEO EN APNEA

Dado que nuestra área de trabajo es el medio acuático, se desprende que estar familiarizado con los movimientos corporales bajo la superficie es parte de la capacitación que debemos prever, antes de hacernos cargo de una playa, porque, como dije recién, nos puede pasar en circunstancias inusuales que varias víctimas, rompientes altas o rescates sin elemento nos catapulten bajo el agua.

Serenidad, no entrar en pánico. Tenemos que conocer nuestra capacidad pulmonar, nuestra particular tolerancia a la apnea (supresión voluntaria de la respiración) que se puede mejorar y que cada vez que terminamos de nadar y de entrenar, podemos practicar hasta jugando, para que en las situaciones reales nos sintamos más seguros.

No es una situación común, deseable, ni frecuente. Debemos evitarla por todos los medios, siendo INSEPARABLES de nuestro elemento de flotación. Un guardavidas desesperado termina siendo rescatado por otro que no lo está. Y esto lamentablemente también ha pasado.

Cuando voluntariamente entrenamos la apnea, nos enteramos de que el estado de agitación mental juega en contra del tiempo que podemos sostener la respiración, de lo que se deduce que a mayor calma, mayor tiempo de apnea. Otro de los factores que favorecen alargar estos lapsos es el hecho de hiperventilar previamente y se logra, forzando la respiración de forma exagerada, lo que provoca el aumento de los niveles de O2 en sangre a la par que elimina el CO2. En la vida cotidiana quedamos hiperventilados cuando inflamos una colchoneta, por ejemplo. Si bien esta técnica, que debe practicarse con control de un colega, nos permite mayor resistencia bajo el agua, también es cierto que difícilmente en situaciones de rescate tengamos el tiempo de restablecernos del desgaste propio del salvamento e hiperventilar para poder soportar esos instantes eternos de estar sumergidos contra nuestra voluntad. Sólo sepamos que es una habilidad que se entrena con cuidado, para conocernos, para saber que el límite son las "falsas respiraciones" o el "hambre de aire" y que no debemos intentar competir entre nosotros, porque el abuso de estas técnicas puede provocar lesiones.

Otra de las maniobras que debemos conocer es la de "Valsalva" y que consiste en soplar con la boca cerrada, tapando también la nariz para equilibrar presiones en el oído medio a través de la Trompas de Eustaquio (pasajes pequeños en la cabeza que conectan a las orejas con la parte posterior de las fosas nasales) Sentimos presión en el oído medio y lo hacemos, tanto debajo del agua como cuando volamos en avión. Lo que nos molesta son las diferencias de presión y habrá que realizar la maniobra tantas veces como sea necesario si seguimos descendiendo en profundidad.

En nuestro mar con agua turbia es improbable que debamos sumergirnos a reflotar a una víctima porque sencillamente no la veremos desde la superficie; sin embargo, sí me ha tocado tener que sumergirme bastante, para desenterrar hierros de trasmallo con redes peligrosas, en zonas de turistas, y sin esta maniobra el oído duele y puede lesionarse.

Otro tema de buceo aplicable a nuestra labor es el de la flotabilidad personal que cada uno tiene, que depende la constitución física, porcentuales de grasa corporal y puede ser positiva si se flota sin esfuerzo; neutra si el cuerpo queda a media agua; o negativa si el cuerpo en reposo se hunde sin ayuda de las técnicas de flotación. Un elemento que compensa a esta última característica fisonómica es la ropa de neoprene, que recomiendo sólo para guardavidas embarcados en vehículos de rescate porque no le deseo a nadie una corrida por la playa con una chaqueta o chaleco de noeprene puesto, porque atenta contra la expansión del tórax, hace muy trabajosa la respiración y nos sofocamos por el recalentamiento inmediato, al no escapar el calor.

Conociendo nuestras limitaciones, podemos convivir con ellas y superarlas, al menos no entrar en pánico porque sé que me queda resto. Un poco de subacuático, practicar la maniobra de compensación de presión "Valsalva" y algo de patada cada tanto, ayuda si somos del grupo de flotación negativa (como yo) y no nos vendrá mal previo a cada temporada.

34. BÚSQUEDA Y RECUPERACIÓN DE VÍCTIMA SUMERGIDA

La pesadilla de todos nosotros fue, es y será perder a una víctima. Estar a pocos metros y ver cómo se fondea y desaparece bajo el agua turbia de nuestro mar debe ser una de las imágenes más terroríficas a las que estamos expuestos. Si esto que es totalmente posible nos sucede tendremos que seguir una serie de acciones tendientes a encontrarla y recuperarla con el menor daño posible.

La sumersión de una víctima ocurre primeramente por fatiga y secundariamente por paro respiratorio. Esa víctima que pelea por su vida, que ha sido arrastrada por la marea y no puede regresar, que se presenta desesperada y físicamente al borde del colapso, tiene literalmente los minutos y segundos contados. Por eso, es que el entrenamiento es tan importante en esta profesión. Los que hemos vivido esta experiencia y pudimos encontrar a la víctima sumergida porque vimos su pelo flotando o una sombra bajo la superficie, tuvimos la suerte de llegar con muy pocos segundos de diferencia y esto es lo que ha marcado el éxito en el rescate. Lo cierto es que, una vez debajo del agua, hay muy pocos segundos antes de que la vía aérea se cierre al contacto con el agua salada y al paro respiratorio le suceda el paro cardíaco.

En nuestro Mar Argentino tenemos la contra de la poca o nula visibilidad para realizar estas recuperaciones, de manera que quedan obsoletas y no podemos contar con los métodos clásicos de barrido y rastrillaje, porque la fuerza de la marea en las canaletas es muy potente y deriva cualquier cuerpo humano con demasiada facilidad.

Las búsquedas en espiral, en abanico o el rastrillaje clásico no pueden implementarse con las condiciones reinantes en la Costa Atlántica, pero tampoco podemos quedarnos sin hacer nada cuando se fondea una víctima. No son situaciones sencillas y lo que no podemos hacer es sumar desorientación nuestra al caos que se vive en la playa, con familiares en angustia extrema, desesperados por la tragedia que están viviendo.

Para estos casos, como para muchos otros que vengo mencionando, se debe tener un protocolo de acciones en secuencia para que no haya lugar para la improvisación. Lo primero es saber si el cuerpo de bomberos local posee un escuadrón de buzos especializados en este tipo de búsquedas, para alertar de forma inmediata. En segunda instancia es que la jefatura del sector prevea abrir los puestos dobles y convocar a mayor cantidad de guardavidas para organizar una búsqueda que, dependiendo de la dirección de la marea en el momento de la desaparición de la víctima, tendrá su debida organización a la que debería sumarse la seccional local de Prefectura, sumado a un móvil policial, para prevenir violencia, y otro de emergencias, tanto para asistir a la víctima, si es recuperada, como a los familiares que pueden descompensarse.

La organización de la búsqueda tendrá en cuenta la dirección y fuerza de la marea, el último punto de referencia donde se avistó a la víctima y la cantidad de guardavidas que compongan la brigada, que deberá vadear la primera o segunda canaleta caminando, flotando o nadando a una distancia mínima determinada uno de otro, en el afán de "chocarse" o "toparse" con el cuerpo sumergido dado que, como dije recién, es imposible la visualización por el tipo de mar que tenemos. A mi juicio, debe designarse un líder dirigiendo al resto del equipo en rastrillajes perpendiculares a la orilla, a la altura de la desaparición, en el sentido contrario al recorrido del cuerpo impulsado por la corriente y con apoyo de las embarcaciones que puedan convocarse, sin descartar los helicópteros, que son de una ayuda tan importante como difícil de gestionar en tiempo y forma.

Lamentablemente con cada minuto que pasa bajan las posibilidades de rescatar con vida a una víctima sumergida, aumenta y se multiplica la angustia y hasta suelen producirse situaciones de violencia contra los guardavidas, en cuyo caso deberán ser reemplazados, para preservarlos a la vez que contenerlos en este trance.

Son situaciones muy infrecuentes, aunque a todos los guardavidas veteranos nos han tocado en nuestra playa o en la de algún colega a la que hayamos sido convocados. Aun no tenemos un protocolo establecido para estos casos y es muy nocivo para las víctimas y sus allegados que no se realicen acciones inmediatas, coordinadas y efectivas para mitigar esta situación límite.

Antes de disparar una alarma de víctima sumergida, debemos estar seguros por haberlo corroborado nosotros mismos o alguna fuente de extrema confianza. Abundan las madres que alertan sobre hijos desaparecidos bajo las aguas y que, en realidad, habían ido a comprar algo a la costanera o que sencillamente estaban temporariamente fuera de su campo visual.

35. HIPOTERMIA

Sin dudas hay que darle un capítulo entero a esta importante patología, que raramente se estudia en los cursos de guardavidas, y que se trata de uno de nuestros enemigos, no en nosotros mismos que habitualmente no pasamos de la primer fase de temblores de la hipotermia leve, pero sí en víctimas de los naufragios que nos toque socorrer, que se exponen por más tiempo y en un mayor estado de ansiedad que el que podamos tener los guardavidas en un entrenamiento prolongado o trabajando en un día feo.

Para seguir adelante voy a dar dos definiciones, una del diccionario y otra de la medicina:

1. Llamaré ***naufragio*** al hundimiento, destrucción o pérdida de una embarcación que se encontraba navegando.
2. Se define ***hipotermia*** a la disminución de la temperatura corporal central (TCC) por debajo de 35oC. Habitualmente se clasifica como leve cuando la TCC está entre 35-32oC, media cuando está entre 32-30oC y severa cuando es inferior a 30oC.

Cada vez son más frecuentes los accidentes náuticos que nos arrojan este tipo de víctimas: Gomones y motos de agua que se quedan a la deriva horas enteras con tripulantes a merced del viento frío y sin motor; kayaks deportivos y recreativos recién sacados de la funda con navegantes inexpertos; canoas con pescadores arrastrados por el viento de costa, que no pueden regresar por sus medios y que tampoco llevaban medios de comunicación; aventureros en tablas de *body* o *surf*, *kitesurf* o *windsurf* con casi ningún conocimiento, ni indumentaria adecuada; etc.

Tampoco hace falta que alguien se interne kilómetros mar adentro para transformarse en un náufrago, alcanza con estar lo suficientemente alejado como para no poder volver por sus propios medios. Alcanza con sobreestimar sus capacidades, o las de sus instructores temerarios (o demasiado interesados). Alcanza con deficiencias en un motor que hasta hace un rato funcionaba bien; con no haberse asesorado, o no haber avisado a nadie que ingresaban al mar. Alcanza con no llevar equipo y/o con hacer todo o cualquiera de estas barbaridades en zonas sin guardavidas o fuera de nuestro horario...

Es importante saber que la hipotermia, y no el ahogamiento, es la principal causa de muerte en los naufragios. Y que se puede prevenir.

Veamos cuales son los 10 síntomas que podemos encontrar, de menor a mayor gravedad en este tipo de víctimas:

1. Escalofríos. Temblores.
2. Labios, orejas y las uñas de los dedos azulados.
3. Cambios en el comportamiento de la persona.
4. Falta de respuesta a preguntas, actitud ausente o distraída.
5. Confusión y dificultad para hablar.
6. Falta de coordinación de la musculación.
7. Debilidad.

8. Pulso cada vez más lento.
9. Rigidez de los miembros.
10. Ganas de dormir / Pérdida de la conciencia.

Por lo tanto, de acuerdo al descenso en la temperatura corporal, estaremos en presencia de hipotermias leves, moderadas o severas, con diferentes niveles de urgencia según el caso y por lo tanto, de tratamiento para cada una de ellas. Pero ocurre que al no poseer termómetros especializados que midan por debajo de los 36 grados centígrados, debemos guiarnos por los síntomas, por lo que vemos y percibimos, para hacer el diagnóstico preciso y luego operar en consecuencia. Recuerden que si bien no somos médicos, debemos actuar hasta su llegada, y hacerlo lo mejor posible:

Enumero las principales características diferenciadoras en los dos tipos de hipotermia mas extremos:

A. Hipotermia leve

Pulso Rápido
Respiración Rápida
Piel Enrojecida, "erizado"
Pupilas Reactivas
Temblores

B. Hipotermia grave

Pulso Lento, débil, irregular, puede detenerse
Respiración Irregular, lenta, puede detenerse
Piel Pálida, cianótica, tensa
Pupilas No reactivas
Rigidez

C. **Hipotermia Leve:** *No es una emergencia.* Puede entrar en calor por sus propios medios a través de movimientos, saltos, etc. Bebidas, ropa seca, duchas tibias.

D. **Hipotermia Grave:** *Es una emergencia* con riesgo de vida. Se lo aísla del frío moviéndolo lo mínimo posible. No se lo moviliza ni se le suministran bebidas si está inconsciente. La ropa húmeda se corta para no provocar movimientos bruscos. Puede morir por paro cardio respiratorio. Se lo mantiene horizontal siempre, incluso en su traslado al hospital o evacuación.

Repasemos:

- Grado I. Víctima consciente y temblando (35-32oC). No hace falta derivación médica.
- Grado II. Víctima somnolienta que no tiembla (32-28oC). Evaluación por un médico. Se deriva.
- Grado III. Víctima inconsciente pero con signos vitales presentes (28-24oC). Emergencia.
- Grado IV. Ausencia de signos vitales; muerte aparente (Menos de 24oC). Emergencia.
- Grado V. Muerte por hipotermia irreversible (temperatura central inferior a 13oC). Emergencia.

Me han tocado varios de estos casos en mi carrera, siempre en Grado 1 o Grado 2, con mayor o menor complejidad según las horas de exposición y el clima, y para mencionar los casos más graves, tenemos registros de personas fallecidas o desaparecidas que han sufrido las consecuencias de navegar sin equipo, ni el entrenamiento adecuados, y aun saliendo desde la bajada náutica reglamentaria, algunos nunca más volvieron y sus embarcaciones fueron encontradas días después y sin tripulantes.

Sepamos que si estas víctimas no llevan neoprene, ni chaleco salvavidas, y están en el agua, aunque se mantengan flotando CORREN RIESGO DE SUFRIR DE HIPOTERMIA, porque se calcula que dentro del medio acuático se acelera el proceso de enfriamiento a una velocidad de 25 veces mayor a la normal en superficie.

Sepamos también que si una víctima cae al agua debe seguir los siguientes pasos, y a modo de instrucción:

- Debería actuar rápido pero manteniendo la calma. Lo primero es AVISAR por teléfono. Cuanto más tiempo pase, menos le responderán los dedos por los efectos del frio, dificultad que se verá incrementada por lo difícil de la situación, el movimiento del mar y la pérdida de sensibilidad en el teclado del celular que provoca la funda náutica. Agreguemos lo desesperante de la situación... Y para colmo: Estos rescates, si conllevan una etapa de búsqueda, son MUY LARGOS y penosos. O sea que cuanto antes avisen, MEJOR.
- Los efectos nocivos del agua fría aumentan cuando más nerviosos encuentren. El primer objetivo en que debe focalizarse una víctima de naufragio será sacar del agua la mayor parte del cuerpo posible.
- Aunque no consiga subir al kayak, que no lo abandone por las siguientes razones:

1. Se lo puede localizar más fácil si se queda sujeto a la embarcación, sirve como flotador, y puede subirse parcialmente al kayak aunque este volcado, y así evitar el mayor contacto con el agua y enfriarse a menor ritmo.
2. Si lleva chaleco salvavidas y no puede subirse al kayak por falta de técnica y de experiencia, debe quedarse en la "posición fetal". Es la posición en la que menos calor se pierde.
3. Que intente perder el menor calor posible. Agruparse en el caso que sean varias víctimas.
4. Conservar la energía estando a flote, protegerse del frio como pueda y esperar la llegada del equipo de rescate.
5. Recordar que el sentido es que se encuentre vivo en la SUPERFICIE, cuando vengan a rescatarlo.

¿Qué debemos hacer en caso de víctimas en este estado?

1) Claramente, lo primero en nuestra función de rescatadores es activar la respuesta náutica. No podemos dejar negligentemente la playa que tenemos bajo custodia para ir tras estos casos a nado o en kayak, salvo que sepamos que la ayuda va a tardar en llegar, y que en la evaluación que hacemos en cada caso en particular, sea inminente la muerte por ahogamiento. Recuerden que siempre EVITAMOS EL MAL MAYOR. Para estos casos existen las divisiones de guardavidas con embarcaciones o las autoridades marítimas con comunicación con nosotros.
2) Activar un Operativo S.A.R., (por sus siglas en inglés, Search and Rescue) si es que el naufragio se perdió de vista. Seguir el evento por prismáticos para poder guiar al personal de res-

cate náutico por radio o por teléfono, teniendo en cuenta que seguramente habrá deriva y desplazamientos con distancias importantes.

3) Llamar al servicio de emergencias si tienen o prevén víctimas con pérdida de conocimiento, o hipotermia de moderada a severa.
4) Cambiarle la ropa mojada o húmeda por ropa seca. Recuerden que en caso de hipotermia severa, la ropa se corta manipulando a la víctima (que siempre dejaremos sobre la tabla, horizontal) lo mínimo indispensable.
5) Aportar calor externo, empezando por la parte externa del cuerpo. La mejor manera es indicar un baño con agua tibia, o compresas tibias en cuello, ingle y axilas. Nunca agua MUY CALIENTE. Explíquenlo porque cuando esta persona (surfista, nadador, remero, etc.) llegue a su casa, ustedes no van a estar para supervisarlo. Tiene efectos desastrosos porque exponerse en este estado a fuentes de calor externo fuerte y repentino afecta la circulación interna aún en víctimas de hipotermia leve que están conscientes y deambulan. Hay que evitar que la sangre, que se mantiene irrigando los órganos internos vitales, fluya hacia los músculos periféricos y provoque descompensaciones que pueden ser mortales.
6) El calentamiento debe ser gradual. SIEMPRE.
7) Hacerle beber líquidos calientes con azúcar, pero NUNCA alcohol, por su efecto vasodilatador. Contrario a lo que la mitología popular indica.
8) Tapar con mantas térmicas y/o aplicar compresas tibias en cuello, ingle y axilas. Aislar del frío (carpas, casitas de guardavidas, etc.)

9) Evitar la “muerte del rescate”: El calentamiento debemos conseguirlo de una manera gradual. Hacerlo de forma brusca puede ser mortal. No verticalizarlas en los casos graves. La víctima se deriva horizontal, abrigado y en tabla espinal ***con la mayor suavidad.***
10) ¡NO FROTAR a la víctima! Se la seca sin frotarla. De otro modo romperemos vasos sanguíneos superficiales provocando hematomas posteriores, dado que la sangre estará mayormente irrigando los órganos vitales internos.

Otro tema a tener presente es que una persona con síntomas de hipotermia puede parecer muerto, pero no estarlo, y puede ser reanimado con éxito aunque haya pasado mucho tiempo. Verifiquemos si respira, sus latidos y manejemos con delicadeza, sin poner en posición vertical ni sentar a víctimas inconscientes y con respiración o latidos muy tenues. Verificar que no se bronco aspiren lateralizando la cabeza.

Ahora bien... Viendo toda esta serie de calamidades, y siguiendo el espíritu de prevención de este libro, vamos a realizar una serie de recomendaciones a quienes se aventuren al mar en nuestra presencia:

- La primera, y en especial para las playas de Argentina, es que quienes ingresan al mar DEBEN DAR EL ROL DE SALIDA EN EL PUESTO DE PREFECTURA NAVAL ARGENTINA. Así es como se alertará si no regresan, se controlarán sus equipos y acreditaciones achicando el error humano.

- Verifiquemos el estado de la embarcación y sobre todo del pronóstico meteorológico.
- Para kayakistas inexpertos están los modelos *sit on top* insumergibles. Para el mar, recomiendo que lleven una pita similar a la de las tablas de surf, y que antes de ingresar más allá de la canaleta; o sea, antes de superar la rompiente, que ***sepan bajar y subir del kayak*** sin ayuda, aun en zonas de olas grandes.

Además:

- Pala de reserva y amarrada a la embarcación.
- Cabo de remolque.
- Cinta adhesiva, tipo "cinta americana" de alta resistencia para tapar vías de agua.
- Bolsa estanca para el teléfono móvil, siempre unido al chaleco. Si te caes al mar y pierdes la embarcación por culpa del viento y a no estar atado a ella con una pita, de poco te sirve el móvil si no lo llevas encima, y el compañero de la salida no está cerca para poder ayudarte. Hay móviles con cobertura GPS, que incluso te dicen las coordenadas en las que te encuentras.
- Teléfono con carga suficiente. Batería a tope.
- Silbato fijo en el chaleco.
- Lo más importante no es sólo el teléfono móvil, y el número de salvamento marítimo o Defensa Civil, sino una buena funda 100% estanca para el móvil.
- Linterna estanca para poder hacer señales si se comete la locura de salir de noche y sin avisar.
- Bengalas de color rojo.

- Agua y comida adecuada, entre otros alimento de alto poder nutritivo (barritas de cereal, frutas, chocolates, etc.)
- Manta térmica aluminizada. Ocupa el mismo espacio que un alfajor.
- Radio VHF portátil en el caso que no tenga cobertura el móvil (canal de Prefectura o autoridad náutica) con las baterías cargadas y su respectiva funda.

La vestimenta:

Mucha ropa puede ser muy molesta o incluso generar demasiado calor en la actividad de remar.

- El chaleco, bien colocado
- Camiseta térmica liviana deportiva e hidrófuga.
- Ropa de neoprene, y/o incluso, según las circunstancias una chaqueta y pantalón seco o traje seco completo, prendas de fibras especiales, gorro y guantes si es un día que parece de invierno. Es decir, vestirse adecuadamente para las temperaturas del agua.
- Bandas reflectantes en la ropa y kayak.

¿Parece mucho para un turista de vacaciones? Es lo mínimo a la hora de embarcarse.

¿Parece mucho estudio o muchas maniobras para un guardavidas? La vida de alguien puede depender de haberlo incorporado a tiempo.

36. INGRESO AL MAR CON ELEMENTO DE RESCATE. NUDOS

La situación de encontrarnos con más víctimas que guardavidas y no dar abasto para mantenerlos a flote, se evitan casi en su totalidad si internalizamos la consigna de ingresar al mar SIEMPRE con un elemento de rescate. Mejor aún, la consigna básica debe ser: JAMÁS SEPARARNOS DE NUESTRO ELEMENTO. NUNCA. De esta manera, para patrullar, charlar con mi compañero de al lado, aceptar un mate de un turista en hora no pico, caminar a saludar a un amigo y a lo que se me ocurra hacer durante mis horas de guardia, siempre tengo adicionado a mi mano y a mi cuerpo el elemento de rescate, porque nunca sabré en qué momento se dispara una situación de rescate en mi playa o las vecinas y deba intervenir.

Si todos y cada uno de nosotros internalizamos esta norma y estamos atentos y en cantidad suficiente de guardavidas en relación con los bañistas, estas situaciones de guardavidas superados por cantidad de víctimas y dominados por ellas en el mar no tienen razón de ser.

Otro de los temas es controlar y verificar periódicamente que los nudos con que están atados los elementos a las bandoleras sean los correctos, recomiendo el nudo "***Haz de guía***" por su sencillez y el hecho de no producir ahorque en elementos flexibles como por ejemplo en una rosca salvavidas de telgopor lo cual termina deteriorando el elemento.

1. Se hace un pequeño lazo en la cuerda (Pasar el extremo libre por el lazo, de abajo arriba)
2. Rodear el extremo libre por detrás de la cuerda que sale del lazo.
3. Introducir el extremo libre por el lazo, esta vez de arriba abajo.
4. Ajustar el nudo.

Este nudo que viene de la náutica es de fácil ejecución, fácil para desatar si hay que reemplazar la soga por la fatiga de los materiales (otro tema a tener en cuenta porque de tanto colgarlo a objetos rígidos como un clavo en la casita, se termina deshilachando y cortando ante la tensión) Chequeemos constantemente el buen estado de sogas y nudos. No existe mejor forma de hacerlo que entrenando con los elementos que usamos para trabajar. Lamentablemente he asistido demasiadas veces a bandoleras que se desatan y tiros que se cortan en medio de un rescate dejándonos sin salvavidas, como para no alertar sobre este tema.

37. EL USO DE KAYAK PARA RESCATES

Nunca se hablará lo suficiente acerca de la importancia de esta disciplina inventada hace 4000 años por los esquimales. Al igual que ellos, debemos saber que el kayak debe elegirse de acuerdo con la medida del usuario y en nuestro caso es fundamental el hecho de sentirnos cómodos en la embarcación y estar familiarizados con todos los estados del mar. Jamás hay que esperar a que un mar muy picado o con varias víctimas nos ponga a prueba.. Para ello existen los entrenamientos y los simulacros. Previo a la compra de la embarcación es ideal remar en todos los modelos que estén a nuestro alcance. Nadie en la playa se va a negar a prestárselo al guardavidas para que lo pruebe durante su horario de descanso.

Dentro de la cantidad de ofertas que existen, la apropiada para el trabajo de rescate en mar es el denominado modelo *Sit on Top*. Confeccionados en una sola pieza plástica sobre la cual, como su nombre lo indica, el palista se sienta encima. Insumergible, indestructible, sólo debemos encontrar el modelo en el cual nos sintamos cómodos. Recomiendo el kayak simple por su maniobrabilidad para ingresar al mar de apuro en situación de rescate, aunque conozco colegas que se sirven de kayaks dobles y hasta triples, aun navegando en solitario y con mucho éxito. Ellos, por su parte, han realizado su experiencia, probando varios modelos, han remado con el mar en todas las condiciones posibles y han optado por estas medidas que se adaptan a su gusto y necesidad.

Una vez que tengamos nuestro propio kayak y nos hayamos familiarizado con él, dominando las técnicas de remada, abandono y abordaje de embarcación, navegación entre olas altas y fundamentalmente cruzado de la rompiente, quedaremos listos para incluirlo dentro de las herramientas que tiene un guardavidas profesional. ¡¡¡NO ANTES!!! No podemos arriesgar la vida de una o más personas en maniobras temerarias, de las que desconocemos su resultado y si no estamos completamente seguros de que dominamos las técnicas para cruzar limpiamente una rompiente alta o reembarcar rápidamente si nos caemos. Cada imperfección durante la aproximación con el kayak nos restará segundos vitales y puede ser fatal.

Los rescates que ameritan el uso de embarcaciones son aquellos donde tenemos víctimas muy alejadas, a más a de 200 metros de la playa. A esa distancia podemos encontrarnos con nadadores cansados o principiantes en la práctica de cualquier deporte náutico sin la suficiente experiencia. Es frecuente incluso que los kayakistas primerizos se dejen sorprender por vientos de costa (viento del oeste) que los aleja de la playa y que, en su inexperiencia, no pueden corregir remando. Las canoas canadienses por su diseño son proclives a estos problemas y desaconsejar su uso es parte de la labor de prevención, y aunque son accidentes frecuentes en zonas sin servicio de guardavidas, a veces vemos que, fuera del horario pico, aparecen los aventureros que necesitan de nuestra intervención. Para ellos existen las bajadas náuticas y los registros de Prefectura que es donde cada persona que se interne en el mar con una embarcación debe dar aviso.

Desarrollo del rescate en kayak:

1) Identificación de la situación de rescate, que por la lejanía de la costa será fundamental el apoyo visual de unos prismáticos.

2) Dar aviso a la división de Rescate Náutico del Operativo de Seguridad en Playa, ya sea una división especializada del propio plantel de guardavidas o Prefectura Naval Argentina, a través del medio de comunicación que corresponda (handy o teléfono celular).

3) Hasta tanto arribe la ayuda náutica y previo aviso a mis compañeros, intervengo arrastrando mi kayak con o sin ayuda a través de la arena y luego por el agua, hasta tenerla a la altura de la cintura. Recién allí se trepa al kayak y se comienza a

remar sin perder el contacto visual con la o las víctimas. Aquí valoraremos la perspectiva elevada del nivel del agua respecto a nuestra vista, que nos ofrece estar sentados sobre cualquier objeto flotante, por sobre la mirada al ras del agua que tenemos cuando nadamos.

4) Una vez que tomamos contacto con la o las víctimas, evaluaremos si conviene esperar a que llegue ayuda inminente o si por el estado en que se encuentra o por tener la certeza de que estaremos en soledad y sin otros recursos, conviene emprender el regreso a la playa. No existen dos situaciones iguales, por lo tanto, tampoco se puede establecer un mecanismo de rescate rígido en este punto. Puede que estemos en el horario pico o en una playa bien organizada y con guardavidas de sobra, lo que hará que sostener a las víctimas en el mientras tanto sea todo lo que debemos hacer, hasta la llegada de los compañeros con sus elementos de rescate suficientes para remolcarlos hasta la costa nuevamente. También puede pasar que, mientras estoy dando apoyo a las víctimas, llegue en auxilio otra embarcación a motor tripulada por guardavidas entrenados en rescates náuticos. O puede pasar que la ayuda nunca llegue porque estamos en zonas fronterizas, donde terminan los operativos, o simplemente ese día u horario no se cuenta con embarcación o timoneles de rescate que puedan venir en nuestra ayuda y tengamos que comenzar con el remolque y aquí es donde se hace importante serenar a la víctima, hablar transmitiendo tranquilidad, anticipando los movimientos y maniobras que llevaremos a cabo, en la estrategia de regreso, que dependerá de cuán alejados estemos, del viento y de

la marea que tengamos. Nos debemos asegurar que la o las víctimas estén bien agarradas a las manijas del kayak, sogas o bordes de la embarcación y acomodarlos las veces que sea necesario porque las manos se les van a acalambrar o pueden debilitarse en el trayecto. Acá es donde valoraremos haber sido previsores en llevar salvavidas en nuestro kayak, porque es una situación extrema donde todo suma. En un rescate largo y de esta magnitud, sobrevienen los calambres en las víctimas, las articulaciones de muñecas y manos sufren por la máxima tensión y el frío. Si están tomados de una manija del kayak y la remada es larga, no van a demorar en aparecer estos síntomas porque ellos están tomados a una embarcación en movimiento y la fuerza que se concentra en estos puntos provoca dolor, por eso es tan importante el diálogo permanente para saber su estado general y poder ir cambiando de posiciones, para no llevar la situación a extremos peligrosos. Si tenemos un kayak apropiado a la maniobra de montar a la víctima, podemos hacerlo siempre y cuando su estado y nuestro entrenamiento previo de la técnica lo permita. Me ha tocado tener que pedirle a una víctima que se abrace a la proa del kayak en un rescate particularmente largo y traumático, donde el frío y el agotamiento le hicieron imposible sostenerse con la fuerza de sus manos. De ese modo quedó de espaldas a la playa, en contacto visual y verbal conmigo que podía calmarlo mientras lentamente me acercaba a la costa. Por el tamaño de mi embarcación y la lejanía con la costa no era posible montarlo sobre la cubierta como si lo hiciera en una tabla de salvamento.

5) El cruce de la rompiente en nuestro regreso lo haremos evitando que la ola nos barrene la embarcación con la víctima. O sea, evitaremos el "efecto surf" que tan estético puede quedar en un video para, a su vez, evitar traumatismos, golpes, que la víctima trague agua o directamente perderla si su estado está delicado. Dejemos el Kayak Surf para cuando entrenamos o nos divertimos, evitando que la ola nos rompa en la popa de la embarcación y nos arrastre hacia adelante a mayor velocidad o lo que es peor, nos hunda la proa. Esta velocidad de la ola puede hacer que las víctimas se suelten. Todos sabemos que este es un lugar crítico donde es probable que no se haga pie, donde hay otros bañistas que pueden golpearse con nuestra embarcación y queda aún por atravesar toda la primera canaleta. Se debe remar de manera que podamos evitar la rompiente de la ola detrás nuestro, debilitando o fortaleciendo el ritmo de paleo de acuerdo con el ritmo o batería de las olas y cómo se vayan presentando para realizar este pasaje, con la mayor suavidad posible y anticipándole a la víctima cada movimiento, para que se prepare y evitarle sorpresas, remando si es posible hasta el momento en que nos llega el agua a los tobillos, lo que denominamos en nuestra terminología "el pelo del agua".

Sugerencias: Me voy a tomar la libertad de sugerir ciertos *tips* que utilizo en mi propio kayak, tanto para entrenar como para efectuar rescates.

- **Pita de surf:** De mi tobillo derecho a la proa del kayak me une una pita de surf para evitar que cuando, por descuido o diversión, me caigo de la embarcación, esta se aleje de mí y represente un peligro para los bañistas. Recomiendo gastar unos buenos pesos porque el tirón que se produce cuando uno cae del kayak producto de una ola alta es MUY FUERTE. Luego de salir despedido por una ola, el kayak saldrá disparado con dirección a la playa y uno queda como contrapeso en el agua. La pita en este momento se hiper extenderá y el kayak, una vez sienta esa resistencia y por la misma elasticidad de la pita, volverá sobre nosotros. Anticipemos esta serie de movimientos de la embarcación para no resultar heridos.

- **Chaleco de neoprene o remera de lycra:** Protege del viento y de las salpicaduras del agua fría durante las sesiones de entrenamiento sin obstruir los movimientos de los hombros o codos. Personalmente prefiero los chalecos de neoprene con cierre frontal por su fácil colocación y para graduar su apertura porque de acuerdo con la intensidad de la remada, del calor que el mismo cuerpo genera o de la dirección e intensidad del viento, podemos abrirlo y cerrarlo a nuestro antojo y necesidad de ventilación.

- **Manijas de soga o de plástico:** Ofrecen un punto de agarre para víctimas conscientes, aunque para rescates largos (y uno nunca sabe cuándo se pueden presentar) conviene adicionar un salvavidas.

- **Remo atado al kayak:** Nunca está de más esta prevención, aunque con las horas de entrenamiento verán que termina resultando molesto e innecesario para palistas avezados. Este verano un kayakista principiante ingresó al mar fuera del horario de guardavidas, perdió la posesión del remo, se bajó del kayak para recuperarlo sin éxito y terminó alejado de la costa y naufragado durante dos noches, hasta que lo localizó un avión de Prefectura a 10 km de la costa de San Clemente. Tomar nota de la complejidad del deporte y de las medidas preventivas.

- **Guardado del kayak:** Para que el kayak se convierta en un posible elemento de rescate debe necesariamente permanecer a mano del guardavidas. A mano significa que ante la presencia de un rescate que amerite su uso por la lejanía y la imposibilidad de otro tipo de ayuda, en menos de un minuto tenemos que estar remando. El balneario, la casa del primer vecino en cercanía (en mi caso), la propia casilla de guardavidas pueden ser lugares que ofrezcan disponer del kayak rápidamente.

- **La forma y modelo del kayak:** Cada temporada que pasa nos encontramos con nuevos modelos, formas y tamaños, cada vez más accesibles al público en general y a nosotros mismos. Su diseño va desde algo un poco más robusto que un long board hasta las dimensiones de un kayak triple con mayor superficie para montar a la víctima de cúbito ventral (boca abajo). Los hay de fibra de vidrio, de plástico, combinados, inflables, con mayores o menores comodidades y navegabilidad. Cada uno debe elegir el que más cómodo y seguro lo haga sentir y eso se logra probando y remando en toda la variedad de modelos posibles antes de comprar a ciegas. Comprar algo que después no nos resulte cómodo o seguro no sirve. Tampoco si no tenemos dónde guardarlo o cómo transportarlo a la playa. Lo importante es que nos hagamos de una herramienta que de acuerdo donde se trabaje y en el transcurso de los años va a hacer la diferencia entre la vida y la muerte de alguien, a la vez que adoptamos un deporte que es apasionante en sí mismo.

38. TABLA DE RESCATE Y SALVA SURF

Desde que se practica el surf, se dan situaciones en las que estos deportistas colaboran con las primeras fases de los rescates, básicamente porque están más cerca, porque tienen ese magnífico elemento de flotación y porque son seres humanos que no van a dejar ahogarse a alguien frente a ellos.

Para servirnos de esta gran ayuda es que el programa “Salva Surf” entrena a los surfers alrededor del mundo en la primera respuesta de auxilio hacia una víctima. ¿De dónde viene esta tradición?

El 14 de junio de 1925, mientras vivía en California, el por entonces famoso nadador olímpico y surfista “Duke” Kahanamoku (1) rescató a ocho hombres de un barco pesquero que volcó ante el fuerte oleaje al intentar acceder al puerto de la ciudad. Veintinueve pescadores cayeron al agua, diecisiete de los cuales fallecieron. Con la ayuda de su tabla de surf, fue capaz de ir y volver rápidamente a la orilla, aumentando el número de víctimas rescatadas mientras otros dos surfistas salvaron a cuatro pescadores más. Una vez finalizado, el jefe de policía de Newport en aquel momento calificó los esfuerzos de Duke como “el rescate más sobrehumano con una tabla de surf jamás contemplado por el mundo”.

De este modo nació la tradición por la que los guardavidas siempre tienen listas tablas de surf para sus rescates. Sabemos que en estos momentos de desesperación y víctimas múltiples, cualquier elemento flotante hace la diferencia, y el elemento flotante más rápido y efectivo es la tabla de surf. Puntualmente en estos tiempos se han hecho adaptaciones a las tablas largas de surf, obteniendo la TABLA DE SALVAMENTO, que no es más que una tabla más gruesa, de mayor volumen con manijas y quilla adaptada al salvamento acuático.

Pero hagamos un poco más de historia... Pocos saben que “Duke”, el personaje más famoso del surf de la época, era admirador de otro Padre del Salvamento Acuático, George Freeth, surfer admirado en las costas californianas y también gran nadador hawaiano. Mucho antes que el Duke Kahanamoku fuese famoso, como contara en el capítulo 4, Freeth hacía demostraciones en público, para atraer la atención de la gente y así reclutar nuevos "hombres de agua" que lo ayudaran a formar el primer Cuerpo de Guardavidas Profesional de la historia que fue en Venice, California.

Tenemos que saber que hay tres tradiciones surferas: la Hawaiana, proclive a lo ancestral y lo religioso; la Californiana, caracterizada por hombres de coraje, un poco locos y aventureros, y la Australiana, asociada con los "Lifesavers" (o Guardavidas) que usan sus enormes paddleboards y botes para rescatar a los nadadores en apuros.

George Freeth fue quien unió las tres tradiciones y las utilizó para que la gente se amigara con el mar y hacer de las playas un lugar más seguro. George continuó haciendo demostraciones de surf y trabajando como guardavidas en las piletas y playas de Huntington Beach y Redondo durante varios años, con un ojo vigilaba a la gente en las piletas de natación, que estaban cerca del mar, y con el otro a los que se aventuraban entre las olas. Le pagaban muy poco y cuentan que dormía en las instalaciones de algún club de playa o en las casillas de los balnearios de los hoteles donde trabajaba (¿les suena conocido este modo de vida estival?), pero era feliz con su trabajo y nada le gustaba más que ayudar a los demás, enseñar a surfear y vivir al lado del mar. En algo se parecía a nosotros. Se ve que el trabajo que tenemos, el mar, o vaya a saber qué cosa nos iguala y hay algo que es común para los que tuvimos la suerte de viajar por otras playas del mundo: el hecho de reconocer el perfil del guardavidas en diferentes escenarios pero con la misma esencia y mística.

Sobre el surf podría escribirse todo un libro relacionándolo con nuestra actividad y seguramente no sería yo el indicado para hacerlo. Diré a mi favor que, cuando me inicié como guardavidas, todavía no se conocían los torpedos salvavidas que se popularizaron con la serie "Baywatch". Nadábamos y competíamos con la antigua y pesada "rosca salvavidas" atada a una bandolera de soga y manguera (para que no lastime el pecho), que se pone en banda como al resto de los salvavidas. Ni hablar de las motos de agua con plancha de rescate, las casitas de guardavidas y mucho menos de las tablas de surf. Deporte difícil para los que nos metemos de grandes a querer aprenderlo. Cambia totalmente la perspectiva que tenemos los nadadores veteranos. La visión se amplía, al estar más elevados del nivel del mar, se acelera el ingreso al nadar arriba de la tabla, se corta mejor la ola y justamente ése es el primer escollo por sortear ya que cruzar la rompiente con una tabla de surf es MUCHO MAS DIFICIL de lo que parece. La técnica de hundir la punta de la tabla y sumergirse para que la ola nos pase por encima, patine encima nuestro, parece muy sencilla desde la arena, de lo que es en realidad. Llevará varias, VARIAS jornadas rebotando contra las olas, pasando vergüenza con los turistas, tragando agua de mar hasta por los ojos y divirtiendo gratis a nuestros jóvenes colegas que ya son surferos, y que nos ven a merced de las olas más inofensivas.

Paciencia que todo llega y la experiencia VALE LA PENA. Una vez superado este primer aprendizaje, aparte de dolor en los hombros por remar de manera más amplia que en lo habitual, nos quedará la sensación de haber terminado el primer round. Se vienen horas de probar el equilibrio, sentados en la parte media de la tabla, detrás de la rompiente, esperando la ola perfecta, ni muy grande ni muy pequeña, para poder empezar a experimentar la inigualable sensación de parase sobre el agua y ser impulsado dentro del rulito de una ola pequeña pero apropiada a este primer nivel. Remar hacia la costa, dejarse llevar por la fuerza de una ola que se está formando, despegarse de la tabla en un solo movimiento de brazos y piernas y una vez parado, flexionado, mantener el equilibrio y estirarlo todo lo posible, aprovechando hasta la última energía de propulsión de esa ola van a ser los primeros pasos. Con la práctica buscaremos direccionarnos cambiando el peso del cuerpo sobre la tabla, conectando con otra serie de olas para poder estirar el momento de surf, se practicarán piruetas o se buscarán olas más grandes. Llegarán las tablas más cortas e inestables pero más maniobrables que las torpes pero eficientes FUNBOARDS o Longboards ideales para el aprendizaje. Este deporte amiga con el mar a los aburridos nadadores veteranos y trae posibilidad de viajes placenteros a otros horizontes costeros. Nos divierte a quienes nadar ya era una obligación laboral y logra que las horas de un buen día de surf parezcan minutos, mientras la promesa de una nueva ola más alta, larga y mejor que la anterior nos mantiene remando con los brazos, jugando y disfrutando del milagro que es el mar.

Sólo enumerando esta pequeña lista de beneficios ya se justifica la práctica de este deporte, pero resulta que, como vimos en la historia del salvamento acuático con "el Duke" y Geoge Freeth, también es un elemento de rescate superior. ¿Cuántas veces los surfistas nos ayudaron con una víctima por estar más cerca?

Las modernas tablas de surf adaptadas al salvamento acuático son longboards modificados con sujeciones laterales, superficies antideslizantes más amplias por toda la tabla y un grosor extra, para mantenernos a flote junto a una o varias víctimas. Pueden venir de foam que es el mismo material de las tablas de surf y hasta de PVC inflables, en unos modelos tan hermosos y prácticos de llevar como caros y difíciles de conseguir.

Las tablas de salvamento que se utilizan para competir tienen un diseño más ágil, veloz y menos práctico para la labor del día a día en la playa, con cavidades a la altura de las rodillas donde el competidor se apoya para propulsarse. Las tablas son tan diferentes como sus propósitos de competir o de trabajar en un rescate real, por lo que es recomendable entrenar y probar los dos modelos, amigarse con este elemento, que reduce el tiempo de llegada a una víctima.

Con el desarrollo del deporte Salvamento Acuático, se están popularizando estas tablas que, para preservarlas, se colocan siempre a la sombra y bien a mano de nuestro puesto de trabajo. La técnica de ingreso al agua es corriendo y arrastrando la tabla hasta donde ya no se pueda correr más y haya que empezar a remar encima de ella, acostado boca abajo, de frente o arrodillado sobre ella.

En nuestra costa atlántica, donde la mayoría de los rescates son cerca de la rompiente, hace que este elemento no sea indispensable; sin embargo, para ir hasta nadadores cansados o rescates alejados y con víctimas múltiples, puede ser de gran ayuda ya que contaremos con un apoyo fenomenal que puede sostener a muchas víctimas en lugares alejados de la costa.

Una vez que llegamos a la víctima se la debe montar encima de la tabla invertida, o sea que previamente rotamos la tabla, que queda con la quilla hacia arriba. Cuando volvamos la tabla a la posición original, y sin soltar las extremidades superiores de la víctima en la rotación, la víctima quedará uvicada de cúbito ventral (con el pecho y piernas completamente sobre la tabla) y el rescatista se coloca en la misma posición por encima, sujetando a la víctima con el propio cuerpo, remando con ambos brazos a la altura de su cintura y como dije recién, encima de ella, afirmándose cuando se atraviese la zona de la rompiente.

La tabla otorga mayor velocidad para el ingreso, mejor visión panorámica por estar más altos del nivel del agua, mayor apoyo y mayor facilidad, incluso si hay que hacer boca a boca en el mar, pero ¡¡¡CUIDADO!!! NADA DE USAR ESTE U OTRO ELEMENTO para un rescate, sin haberlo probado y entrenado MUCHO previamente.

Algunos Tips:

- Para el ingreso al mar, se debe correr con la tabla agarrada con ambas manos hasta tener el agua a la altura de las rodillas. Aprovechando el impulso, nos dejamos caer de frente sobre la tabla y avanzamos braceando sobre ella hacia la víctima. Si se domina la técnica, la aproximación puede hacerse de rodillas sobre la tabla, ganado velocidad y mayor visión.

- La tabla debe quedar SIEMPRE perpendicular a las olas.

- La velocidad e impulso le dan estabilidad a la tabla.

- Cuando hay grandes rompientes, deben filtrarse tal cual lo hacen los surfistas, hundiendo el borde delantero bien pegados y estirados en la tabla, para pasar por debajo de la ola (para los fanboards adaptados. Las tablas diseñadas para rescate pasan por sobre la ola o la "perforan" en su borde superior)

- Una vez junto a la víctima, nos bajamos de la tabla, la damos vuelta para que la quilla quede hacia arriba y se la ofrecemos a la víctima para que se tome de la tabla. Cuando apoya las dos manos, le sujetamos las muñecas y volvemos a rotar la tabla, para que la quilla vuelva a su posición original y la víctima apoyada su pecho sobre la tabla. Posteriormente subimos sus piernas y montamos por detrás de la víctima.

- Montados en esa posición, por encima y detrás de la víctima que quedará agarrada a la tabla con nosotros cubriéndola, volvemos perpendiculares a la playa, remando con ambos brazos.

Usen o no este muy buen elemento de rescate, presente el calendario de competencias ILS alrededor del mundo, recomiendo fervientemente que se metan de lleno en este deporte increíble.

Antes de terminar este capítulo agradezco a mi colega Martín "Toro" Medina por introducirme en este arte, hace casi 20 años mientras trabajábamos en Praia Brava, Itajaí, Brasil. Allí compré mi primera tabla, con la que el Capitán Rafael Petrelli, jefe de guardavidas de Camboriú en ese entonces, me instruyó en su aplicación para Salvamento Acuático. Agradecimientos también para él.

Y para cerrar, por si no los convencí todavía para que prueben este deporte, fíjense lo que escribe Joël de Rosnay (biólogo) sobre el surf:

"Creo que todos los deportes que suponen deslizamientos son deportes que nos ponen en armonía con la naturaleza y en armonía con uno mismo. Es decir, más que ganar o competir contra alguien, o un equipo en contra del otro, se intenta, no de competir con los elementos, sino de ser cómplice con los elementos. Todas estas relaciones íntimas con la naturaleza, con la fuerza del océano, con la fuerza de la montaña, con la fuerza de los vientos, conducen a una cierta complicidad, yo diría a una suerte de asociación con la naturaleza. Uno se siente mucho más cerca, uno se siente más unificado, mucho más « uno », y todos estos movimientos son considerados como ritmos naturales que son muy inspiradores."

¿Qué más se puede agregar?

A medida que pasan los años veo cómo se multiplican las tablas de surf en los puestos de guardavidas, que cada vez más lo adoptan como deporte/terapia/filosofía de vida/elemento de rescate.

Referencias:

- *Hall, Sandra Kimberly. (2004). Duke: A Great Hawaiian. Honolulu, HI: Bess Press. ISBN 1-57306-230-8.*
- *Kelly Murphy with Hallie Fryd (2013). Historical Heartthrobs: 50 Timeless Crushes-From Cleopatra to Camus. USA: Zest Books. Página 109.*

39. RESCATE NÁUTICO

Como apoyo náutico, cada operativo tiene sus embarcaciones tripuladas por timoneles que deben estar debidamente habilitados con un carnet de Conductor Náutico, otorgado por la autoridad pertinente que en nuestro caso es Prefectura Naval Argentina y que además, obviamente, deben ser guardavidas que se han especializado en esta función. Me ha tocado trabajar con grandes timoneles de rescate como Huguito Cassou y Rubén Brizuela que, con vientos del sudeste, se los podía ver haciendo gala de su destreza, patrullando dentro de la segunda canaleta, entre la primera y segunda rompiente con gomones semirrígidos. Eran otros tiempos en que aún no se habían popularizado las motos de agua con plancha o tabla de rescate incorporada.

Aquellos tiempos de ver volar el gomón cuando cruza la rompiente y se eleva por sobre el espumón a máxima velocidad con el guardavidas de proa (proero) tomado de una soga y dando peso en la punta, para que el bote no se dé vuelta campana, han terminado para dar lugar hace ya más de 20 años a las Motos de Agua. Más seguras por carecer de hélices filosas, maniobrables y fáciles de conducir tienen la capacidad de girar sobre sí mismas y corregir el rumbo con la aceleración y desaceleración que un rescate necesita.

Más ágiles y ligeras en el ingreso al mar, le han ganado la pulseada a los gomones con el agregado de que pueden ser conducidas por un solo timonel, optimizando el recurso humano que en nuestras playas nunca sobra.

Las técnicas de aproximación siempre son de encarar a la víctima corriente en contra y desacelerando a cero previo al contacto, para que la inercia y la propia corriente hagan que la embarcación y la víctima se encuentren naturalmente en un punto medio. El izaje de la víctima por sobre el pontón lateral del gomón se hace en este momento. Idénticamente, sucede sobre la plancha de rescate añadida a la popa de la moto. El izaje en este caso se logra tomando a la víctima con una mano e imprimiendo un giro y aceleración con la otra mano que queda en el manillar y acelerador de la moto, de modo que la plancha quede por debajo del pecho y pelvis de la víctima, que deberá tomarse de las sujeciones de la propia plancha, para mantenerse firme durante los pocos segundos que tomará sacarla del agua.

Si la moto fuera bitripulada, que es la situación ideal, la víctima sube primero, se agarra de la plancha y el segundo guardavidas la sujeta por encima y por detrás de ella, asegurándose también con las correas de sujeción, para no perderla en esa zona crítica que son las rompientes.

De fácil y rápida entrada y salida al mar, maniobrables y con menor mantenimiento y dificultades para el trasporte que los gomones, son tantas las virtudes que no se entiende por qué se sigue insistiendo en otro tipo de embarcaciones para salvamento acuático en nuestro querido litoral marino.

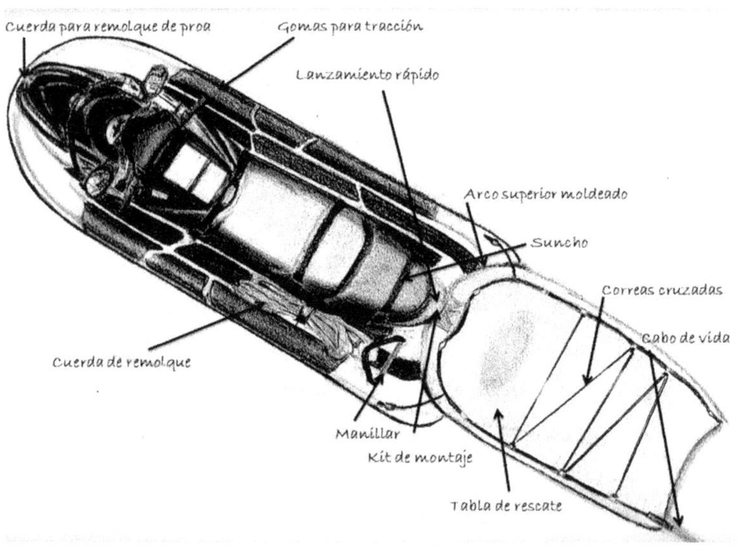

40. BICICLETAS PARA RESCATES

Yendo más a lo cotidiano que es el trabajo en la torre, muchas veces vemos apoyadita contra el mangrullo la bicicleta del guardavidas, puntualmente en playas muy amplias, con puestos muy distantes, de punta o en la temporada baja donde somos menos y hay mayores distancias por cubrir. Yo siempre me resistí a esta modalidad, no me gusta patrullar en bici con el elemento de rescate en el manubrio, pero la práctica termina dando la razón a quienes la emplean siempre y cuando tengan cuidado porque los pies desnudos son blanco fácil para los accidentes.

Cuando por el horario o la época del año, la playa de al lado está sin un puesto activo o es un extremo del operativo y ya no hay colegas a mi lado, o sea tengo grandes distancias a cubrir, la bicicleta puede ser un excelente aliado. Se llega más rápido a cualquier rescate o prevención y también se REGRESA más rápido al puesto que nos corresponde. El mejor atleta corredor guardavidas es superado por el más lento, si éste va en bicicleta, cuando hay que recorrer más de 150 metros, lo que es algo común en la costa atlántica. Podemos debatir años si nos corresponde o no concurrir a trabajar poniendo nuestros elementos de rescate, y hasta una bicicleta propia, como si fuera poco todo lo que hacemos para poder venir a trabajar cada año y todo lo que cargamos hasta la playa. También podemos aspirar a tener otro tipo de vehículos más rápidos, vistosos, apropiados y seguros para esta función, tal y como existen en otros países, con mayores recursos y responsabilidad en quienes comandan la seguridad en general, no sólo la acuática. Cuatriciclos, carritos de golf adaptados al transporte de niños perdidos y elementos propios de nuestra actividad son mucho más apropiados, incluso para transporte de personas con capacidades disminuidas. No los tenemos y creo que en los años que me quedan para jubilarme tampoco llegarán a los puestos donde se los necesita. Adaptados a nuestra realidad, comprometidos con nuestro trabajo, usamos bicicletas. Todo es válido a la hora del debate del "Deber ser" o "Apuntar a". Lo cierto es con un salvavidas colgando de un manubrio, las bicicletas aparecieron hace unos años en nuestros puestos costeros y cada vez que las veo me genera la sensación de un profesional con experiencia, conocedor de su zona de trabajo, consciente de sus limitaciones y con la suficiente vocación como para tomar el recaudo de usarla.

Si yo fuera un turista, me bañaría cerca de estos puestos.

41. RUNNING, EL DEPORTE COMPLEMENTARIO

Tiempo atrás decíamos "salir a correr" o "atletismo", ahora se le dice "running" a la actividad de correr o trotar sistemáticamente bajo una suerte de entrenamiento que puede llegar o no al alto rendimiento, pero que no debe estar ausente en el quehacer diario de ningún guardavidas de mar. Por la distancia mínima que recorremos en el más corto de los rescates marítimos, sabemos que cuando realizamos un rescate promedio estamos ante una actividad física que depende en un 70% de la acción del tren inferior. Saltar de la torre o incluso movernos pedaleando en bicicleta, a máxima intensidad, como recién expliqué; correr con el elemento de rescate a cuestas por la arena floja, luego saltando las olas más pequeñas hasta que recién "delfineamos", cuando tenemos el agua a la cintura y ya nos queda sólo el 30% de la distancia inicial entre nosotros y la víctima. Todas estas acciones de piernas se potencian y fortalecen sosteniendo un entrenamiento periódico y consecutivo de *Running*.

Recomiendo mantener la actividad regularmente durante todo el invierno para luego, llegada la temporada, sólo efectuar entrenamientos de mantenimiento donde uno adapta músculos y articulaciones a correr en arena. De este modo no tendrá que arrancar de cero para ponerse a tiro con lo que significa el grado de exigencia física, de desgaste por la acción del viento, del sol y la ausencia de ganas de comenzar en estas condiciones con una rutina de entrenamiento que debe ser anual, y no en el momento del año de mayor exigencia. Máxime agregando el estado de tensión de un guardavidas en una playa en temporada alta.

Playas muy amplias por las bajantes, puestos de guardavidas muy separados o los puestos de punta donde se terminan los operativos de Seguridad en Playa, como es mi caso, hacen que no podamos dar ventajas en el hecho de llegar al verano con sobrepeso o músculos debilitados por falta de entrenamiento. A los que llevamos temporadas a cuestas, nos vienen a la mente recuerdos de rescates donde la carrera sobre la playa se hacía interminable, la arena estaba floja y a cada paso el salvavidas pesaba más. Una solo manera encontré de atravesar sin penas esta etapa de los rescates y es ***llegar a la temporada con una buena base de running***.

Para lograrlo se necesita elegir un buen par de zapatillas específicas para recorrer largas distancias, no las livianitas que se pueden utilizar para competir en carreras cortas ni tampoco las específicas de trecking con suela dura para carreras de aventura. La mayoría de nosotros entrenamos sobre asfalto, dentro y en los alrededores de grandes ciudades, y las confortables zapatillas para largas distancias se adaptan perfectamente a la arena dura de la bajante, cuando cambiamos de geografía y debemos salir a entrenar en verano. Zoquetes y un pantalón corto es todo lo que se necesita, además de una musculosa o remera. Para las horas del mediodía le agregamos un gorrito cómodo que se puede mojar si está muy fuerte el sol.

Quien comience a entrenar en verano se dará cuenta de que no es necesario abrigarse demasiado y que, a los pocos minutos de correr, ya le habrá ganado la batalla al frío, para comenzar a disfrutar de la actividad. Para las zonas muy ventosas se pueden agregar pañuelos de una tela elástica que no llegan a apretar pero que protegen del frío la garganta.

Para lograr la buscada continuidad en los entrenamientos, conviene plantearse objetivos de carreras masivas tan de moda, adaptadas a nuestro nivel a lo largo del año y, para los más entusiastas, existen los grupos de entrenamiento que garantizan supervisión profesional, mejores resultados y camaradería ya que correr es una actividad solitaria tanto como la natación. Bienvenido sea quien logra adoptar este deporte que puede practicarse durante toda la vida, nos mantiene en nuestro peso ideal y tan bien hace a la salud.

Muchas personas que se inician en el *running* cometen el grave error de saltarse los estiramientos. De hecho, la gran mayoría ni los considera o cree que no son importantes, lo cual no podría estar más lejos de la realidad. Y es que estirar ayuda a evitar posibles lesiones, a mejorar la circulación y mantener los músculos flexibles y sanos. Pero ¿cuál es el mejor momento para hacerlo? Los expertos sugieren estirar la musculatura implicada en el ejercicio cuando el músculo aún está caliente durante por lo menos unos 15 segundos, llegando a un punto donde se note la tensión pero sin sentir dolor. Eso una vez terminada la sesión de entrenamiento donde estiramos de manera sostenida (hasta 20 segundos por grupo muscular, diferente a los estiramientos en repeticiones de la entrada en calor) Estirar es alargar el músculo, logrando una mayor funcionalidad justamente porque tendrá un mayor alcance, un mayor recorrido. Lo contrario es el acortamiento muscular al cual se llega por la falta de estiramiento, y en vez de músculos relajados y largos, tendremos músculos contracturados y acortados. Conceptualmente: Gemelos, isquiotibiales y cuádriceps acortados necesitarán más pasos para recorrer la misma distancia, no es negocio.

Otro paso que no debemos saltarnos es la entrada en calor cuyas virtudes principales son la de evitar calambres, esguinces, distenciones musculares e irregularidades cardíacas porque durante la entrada en calor las arterias coronarias se dilatan y se preparan mediante un incremento en la circulación para la actividad más exigente que se avecina.

A nivel muscular mejora la fuerza y la contracción; los tendones se ponen más flexibles provocando una menor resistencia a los cambios de longitud (contracción y relajación) y psicológicamente esta actividad nos da tiempo para introducirnos en la actividad y al esfuerzo que vamos a realizar.

El *running* obliga a comer bien, a planificar cada jornada laboral de invierno para insertarle una sesión de entrenamiento, invita a viajar a otras geografías para competir, a tener una disciplina de continua y sostenida planificación anual, ayuda a dormir bien y hace descansar mejor, se aflojan tensiones y en la paz del trote largo le encontramos la vuelta a problemas de toda índole.

Existen tantos métodos de entrenamiento como entrenadores, son muchos y no los vamos a enumerar acá porque no es el objetivo de esta obra. Varían de acuerdo a los objetivos de cada atleta y en nuestro caso específico sugiero un entrenamiento de fondo durante el año, profundizando en pasadas y piques cortos en la pre temporada, fijando si es posible el estímulo intermedio de alguna competencia.

No hay una distancia o una carrera que podamos recomendar como objetivo de entrenamiento, sólo practicar permanentemente el deporte, no abandonarlo nunca, siempre tener a mano las zapatillas y que salir a correr no sea un esfuerzo. Dos o tres veces por semana en invierno creo que es lo óptimo. A modo ilustrativo y no para ponerme de ejemplo, pero en lo personal trato de, cualquiera sea el mes del año, al menos poder trotar de continuo y a buen ritmo, al menos una hora. Si lo logro a duras penas siento que debo ponerme a tiro nuevamente con mayor cantidad de sesiones.

No lo sufro para nada, aún con las peores condiciones, correr me hace bien, y al igual que otros deportes de resistencia como el remo o la natación, hasta el surf luego de practicado un tiempo superior a los 40 minutos, me viene un estado de bienestar que sigue al entrenamiento y que según leí no hace mucho se lo tenemos que agradecer a unas moléculas que son liberadas por el cerebro durante esfuerzos sostenidos (no máximos) a ritmos confortables de ejercicio: Las ENDORFINAS. Se dispersan en el sistema nervioso central, en los tejidos del organismo y en la sangre según la intensidad, la duración y la naturaleza de la actividad física.

Después de tanto entrenar, vine a descubrir que esto es lo que nos hace sentirnos tan bien, serenos durante varias horas después del esfuerzo, nos reduce los estados de ansiedad o stress y hasta nos saca algunos dolores que teníamos previo a la sesión. Por esta sensación de bienestar posterior a los entrenamientos es que cuando dejamos de entrenar por un tiempo largo (meses o semanas) sentimos que nos está faltando algo, y se trata justamente de la ausencia de esta sensación de placer a la que estuvimos acostumbrando al cuerpo.

Tenemos guardavidas atletas, triatletas o aficionados como yo que, cada tanto, corren alguna maratón corta o mediana para no perderle el gustito. No es obligatorio ser un profesional de ninguna de estas disciplinas, pero TODOS tenemos que tener este deporte asimilado a nuestra vida aunque sea en las dosis más pequeñas. Ningún guardavidas de mar estará en condiciones de desarrollar bien su trabajo si no lo hace.

Les dejo el poema de un corredor y escritor uruguayo que siempre que lo leo me emociona, y vuelvo a recomendar que hagan de este deporte un hábito.

Esos locos que corren, de *Marciano Duran*

"Yo los conozco.

Los he visto muchas veces.

Son raros.

Algunos salen temprano a la mañana y se empeñan en ganarle al sol.

Otros se insolan al mediodía, se cansan a la tarde o intentan que no los atropelle un camión por la noche.

Están locos.

En verano corren, trotan, transpiran, se deshidratan y finalmente se cansan... sólo para disfrutar del descanso.

En invierno se tapan, se abrigan, se quejan, se enfrían, se resfrían y dejan que la lluvia les moje la cara.

Yo los he visto.

Pasan rápido por la rambla, despacio entre los árboles, serpentean caminos de tierra, trepan cuestas empedradas, trotan en la banquina de una carretera perdida, esquivan olas en la playa, cruzan puentes de madera, pisan hojas secas, suben cerros, saltan charcos, atraviesan parques, se molestan con los autos que no frenan, disparan de un perro y corren, corren y corren.

Escuchan música que acompaña el ritmo de sus piernas, escuchan a los horneros y a las gaviotas, escuchan sus latidos y su propia respiración, miran hacia delante, miran sus pies, huelen el viento que pasó por los eucaliptos, la brisa que salió de los naranjos, respiran el aire que llega de los pinos y entreparan cuando pasan frente a los jazmines.

Yo los he visto.

No están bien de la cabeza.

Usan championes (1) con aire y zapatillas de marca, corren descalzos o gastan calzados. Traspiran camisetas, calzan gorras y miden una y otra vez su propio tiempo.

Están tratando de ganarle a alguien.

Trotan con el cuerpo flojo, pasan a la del perro blanco, pican después de la columna, buscan una canilla para refrescarse… y siguen.

Se inscriben en todas las carreras… pero no ganan ninguna.

Empiezan a correrla en la noche anterior, sueñan que trotan y a la mañana se levantan como niños en Día de Reyes.

Han preparado la ropa que descansa sobre una silla, como lo hacían en su infancia en víspera de vacaciones.

El día antes de la carrera comen pastas y no toman alcohol, pero se premian con descaro y con asado apenas termina la competencia.

Nunca pude calcularles la edad pero seguramente tienen entre 15 y 85 años.

Son hombres y mujeres.

No están bien.

Se anotan en carreras de ocho o diez kilómetros y antes de empezar saben que no podrán ganar aunque falten todos los demás.

Estrenan ansiedad en cada salida y unos minutos antes de la largada necesitan ir al baño.

Ajustan su cronómetro y tratan de ubicar a los cuatro o cinco a los que hay que ganarles.

Son sus referencias de carrera: "Cinco que corren parecido a mí".

Ganarle a uno solo de ellos será suficiente para dormir a la noche con una sonrisa.

Disfrutan cuando pasan a otro corredor... pero lo alientan, le dicen que falta poco y le piden que no afloje.

Preguntan por el puesto de hidratación y se enojan porque no aparece.

Están locos, ellos saben que en sus casas tienen el agua que quieran, sin esperar que se la entregue un niño que levanta un vaso cuando pasan.

Se quejan del sol que los mata o de la lluvia que no los deja ver.

Están mal, ellos saben que allí cerca está la sombra de un sauce o el resguardo de un alero.

No las preparan... pero tienen todas las excusas para el momento en que llegan a la meta.

No las preparan... son parte de ellos.

El viento en contra, no corría una gota de aire, el calzado nuevo, el circuito mal medido, los que largan caminando adelante y no te dejan pasar, el cumpleaños que fuimos anoche, la llaga en el pie derecho de la costura de la media nueva, la rodilla que me volvió a traicionar, arranqué demasiado rápido, no dieron agua, al llegar iba a picar pero no quise.

Disfrutan al largar, disfrutan al correr y cuando llegan disfrutan de levantar los brazos porque dicen que lo han conseguido.

¡Qué ganaron una vez más!

No se dieron cuenta de que apenas si perdieron con un centenar o un millar de personas... pero insisten con que volvieron a ganar.

Son raros.

Se inventan una meta en cada carrera.

Se ganan a sí mismos, a los que insisten en mirarlos desde la vereda, a los que los miran por televisión y a los que ni siquiera saben que hay locos que corren.

Les tiemblan las manos cuando se pinchan la ropa al colocarse el número, simplemente por que no están bien.

Los he visto pasar.

Les duelen las piernas, se acalambran, les cuesta respirar, tienen puntadas en el costado... pero siguen.

A medida que avanzan en la carrera los músculos sufren más y más, la cara se les desfigura, la transpiración corre por sus caras, las puntadas empiezan a repetirse y dos kilómetros antes de la llegada comienzan a preguntarse que están haciendo allí.

¿Por qué no ser uno de los cuerdos que aplauden desde la vereda?

Están locos.

Yo los conozco bien.

Cuando llegan se abrazan de su mujer o de su esposo que disimulan a puro amor la transpiración en su cara y en su cuerpo.

Los esperan sus hijos y hasta algún nieto o algún abuelo les pega un grito solidario cuando atraviesan la meta.

Llevan un cartel en la frente que apaga y prende que dice "Llegué -Tarea Cumplida".

Apenas llegan toman agua y se mojan la cabeza, se tiran en el pasto a reponerse pero se paran enseguida porque lo saludan los que llegaron antes.

Se vuelven a tirar y otra vez se paran porque van a saludar a los que llegan después que ellos.

Intentan tirar una pared con las dos manos, suben su pierna desde el tobillo, abrazan a otro loco que llega más transpirado que ellos.

Los he visto muchas veces.

Están mal de la cabeza.

Miran con cariño y sin lástima al que llega diez minutos después, respetan al último y al penúltimo porque dicen que son respetados por el primero y por el segundo.

Disfrutan de los aplausos aunque vengan cerrando la marcha ganándole solamente a la ambulancia o al tipo de la moto.

Se agrupan por equipos y viajan 200 kilómetros para correr 10.

Compran todas las fotos que les sacan y no advierten que son iguales a las de la carrera anterior.

Cuelgan sus medallas en lugares de la casa en que la visita pueda verlas y tengan que preguntar.

Están mal.

—Esta es del mes pasado —dicen tratando de usar su tono más humilde.

—Esta es la primera que gané- dicen omitiendo informar que esa se la entregaban a todos, incluyendo al que llegaba último y al inspector de tránsito.

Dos días después de la carrera ya están tempranito saltando charcos, subiendo cordones, braceando rítmicamente, saludando ciclistas, golpeando las palmas de las manos de los colegas que se cruzan.

Dicen que pocas personas por estos tiempos son capaces de estar solos —consigo mismo— una hora por día.

Dicen que los pescadores, los nadadores y algunos más.

Dicen que la gente no se banca tanto silencio.

Dicen que ellos lo disfrutan.

Dicen que proyectan y hacen balances, que se arrepienten y se congratulan, se cuestionan, preparan sus días mientras corren y conversan sin miedos con ellos mismos.

Dicen que el resto busca excusas para estar siempre acompañado.

Están mal de la cabeza.

Yo los he visto.

Algunos solo caminan... pero un día... cuando nadie los mira, se animan y trotan un poquito.

En unos meses empezarán a transformarse y quedarán tan locos como ellos.

Estiran, se miran, giran, respiran, suspiran y se tiran.

Pican, frenan y vuelven a picar.

Me parece que quieren ganarle a la muerte.

Ellos dicen que quieren ganarle a la vida.

Están completamente locos."

(1) Zapatillas. ***Nota del autor.***

Espero que les haya gustado y piensen que si nos parecemos a estos locos, es que vamos por buen camino…

42. ELEMENTOS DE RESCATE TRADICIONALES

Como este libro está más enfocado a las nuevas generaciones, con cada elemento de rescate que mencione voy a hacer un poco de historia y a describir sus defectos y virtudes de acuerdo con mi experiencia. Lo hago sabiendo que, entre aquellos que lean este pequeño manual, estarán los responsables de diseñar los futuros operativos de seguridad en playa. Más completos, más comunicados, más profesionales y más seguros. Sepamos que los elementos de rescate tradicionales que hoy en día utilizamos en las playas DEBEN ESTAR HOMOLOGADOS por la autoridad náutica que corresponda, certificados en sus parámetros de calidad, flotabilidad y VIGENTES, es decir, que no se encuentren obsoletos por el desgaste del paso del tiempo y de las temporadas sin el recambio apropiado a semejante elemento de seguridad.

Es muy peligroso no dar de baja a estos elementos, dentro de los que incluyo las torres o mangrullos. Despintados, oxidados, desoldados, viejos y en mal estado son un peligro para los guardavidas durante el día, y para turistas y curiosos que los usan para tomarse fotografías o simplemente mirar el mar, durante la noche. Los que llevamos muchas temporadas podremos recordar muchos accidentes.

Ni qué hablar de torpedos con el plástico pinchado, bandoleras de sogas náuticas deshilachadas, sunchos con la goma espuma expuesta, roscas a punto de cortarse y con poca flotabilidad...

Debiera ser un desvelo de los municipios cuidar tanto de la imagen de ellos mismos como de sus contribuyentes.

43. MALACATE

Comenzaré por el elemento más antiguo y obtuso que tenemos dentro del arsenal de herramientas para los rescates. Un ovillo de soga náutica de nylon (debe flotar) de no menos de 150 metros de longitud, montado sobre una base estática de hierro con el extremo de la soga en bandolera, unida a un torpedo o rosca, conforman la estructura del viejo y conocido "malacate". El equipo de rescatadores se compone de un colega que nada hacia la víctima, la asegura al elemento de rescate que está unido a una soga que va hasta la playa, y, a una señal suya, el resto del equipo recoge esa soga hasta la arena, arrastrando así a víctima y rescatador hasta la orilla. Creado en Australia por los salvavidas nadadores, para dominar a víctimas asustadas, los clubes de salvamento australianos fueron los primeros en el mundo en implementar un rollo de cuerda en un poste, que enterraban en el centro de una playa, a principios del siglo XX. Había una cuerda, un cinturón y el carretel de soga que enseguida fue mejorado para ponerlo arriba de un soporte portátil horizontal, trasladable de acuerdo con las cambiantes condiciones del mar.

El carretel descansaba en un marco que estaba sobre la arena, mientras el guardavidas se ataba el cinturón y nadaba hasta la víctima a quien, a su vez, ataba con ese mismo cinturón para que sea arrastraba por otro colega mediante la soga náutica que, desde la orilla, recogía la cuerda y él quedaba liberado para atender a otra víctima o sostener a la que estaba siendo remolcada.

La leyenda cuenta que el 2 de enero de 1907 un grupo de guardavidas, que siete semanas más tarde fundaría el primer grupo para la conservación del surf en el mundo, salvó a Charles Kingsford Smith de morir ahogado en Bondi Beach, Australia, con este sistema, SIENDO LA PRIMERA VÍCTIMA RESCATADA CON UN MALACATE. Este niño, 21 años más tarde, se convertiría en el primer aviador en cruzar el Pacífico desde Australia a EEUU, entre otras hazañas y records que lo hicieron famoso. A mediados del 1900, se mejora la dinámica de este elemento, cambiando el cinturón que se enganchaba, por un arnés pectoral de lona, unido con un perno de acero y más adelante el perno fue reemplazado por velcro.

Utilizado por los bañeros pioneros de nuestras playas, siempre me pareció un elemento que estaba diseñado más para los turistas que para los guardavidas, que a veces en el afán de ayudar en un remolque pueden traer a víctimas y guardavidas sumergidos por exceso de empuje en la desesperación por ayudar.

Presencié un rescate de un surfista en Gessell, casualmente durante una competencia de guardavidas, en el que corrió riesgo todo el equipo de rescate por este tema y la propulsión desmedida de la gente. Fue tan potente y desmedido el empuje que víctima y rescatadores vinieron literalmente sumergidos a una velocidad que les impedía desengancharse hasta la orilla.

He visto sogas que se cortaron en medio de un salvamento; sogas que se enredaban; colegas que ingresaron a un rescate con malacate y quedaron nadando estáticos, clavados en el mismo lugar porque la soga se curvó con la corriente de la canaleta y sus compañeros debieron llevar a la víctima hasta él para poder salir por medio de la soga. Tuve malacate en mi puesto y la verdad es que nunca lo usé. Dentro de nuestra organización interna siempre salí de "puntero" en los salvamentos y mis compañeros con buen criterio no vieron la utilidad de este elemento en nuestra costa con mar abierto, diferente a las escolleras de Mar del Plata, donde es más previsible la localización geográfica de un rescate, y que no es casualidad que aún se use este elemento por aquellas playas. Debo coincidir que en playas con escolleras o con corrientes de retorno definidas puede colaborar tanto en lo práctico como en la sensación de seguridad. Nadie mejor que esos viejos guardavidas que lo siguen utilizando para dar fe de las bondades de este particular elemento en esas particulares playas. En este concepto de "lo que abunda no daña", creo en su utilidad puntual y se tiene que tener especial cuidado con el buen rodamiento del ovillo del carretel de soga sobre su eje de metal, mantener la soga prolijamente enrollada para que no se trabe y gire fácilmente en situación de rescate y que el material de la soga, como dije recién, esté confeccionada con nylon para que flote y no haga "panza" con la corriente, trabando y dejando estático al guardavidas que ingresa al mar, si tiene que corregir la dirección y queda nadando unos metros contra corriente.

Es un elemento tradicional en nuestro litoral marítimo y como toda tradición me parece perfecto conservarlo. Forma parte de nuestra modalidad de competencia "Salvamento por equipos" donde 6 guardavidas, tres que nadan y traen a la víctima de vuelta a la costa, y tres más tiran la soga, arrastrando al resto del equipo desde la arena. Prueba autóctona de destreza profesional y muy vistosa pero que no reproduce las condiciones reales de un salvamento.

Más de 15 años participé de estas competencias, siempre en el equipo de nadadores, y reconozco que no está de más la experiencia que otorga sobre el comportamiento de las corrientes, el viento y la fuerza del mar porque todo eso hay que calcular milimétricamente si se quiere hacer un buen papel. También le doy la derecha a los planteles de guardavidas que sostienen este elemento tan molesto para llevar y traer cada día a la playa. Al igual que el resto de las herramientas es bueno advertirles sobre sus ventajas y desventajas, que en este caso me parecen demasiadas.

44. ROSCA SALVAVIDAS

Según las fuentes que citaré al final del capítulo, durante Sitio de Roma, la comunicación entre los romanos que se encontraban refugiados en el Capitolio y los que se encontraban en el exterior fue posible por un joven nadador ayudado por una especie de salvavidas de corcho, en lo que encuentro como el antecedente de nuestra querida rosca. (1 y 2)

Más acá en el tiempo, los caballeros de la orden de Malta utilizaban salvavidas circulares en el siglo XIII, fabricados en corcho que llevaban en los barcos atados con sogas por si algún marino caía al mar, siendo éste el primer indicio que encuentro de la utilización de este elemento. (3 y 4)

Cuenta la historia que la primer bandolera para una rosca fue inventada en EEUU por los guardavidas de Atlantic City en lo que pudo ser el primer dispositivo flotante de rescate de los guardavidas de mar. Consistía, al igual que hoy, en una cuerda de 2 metros y medio con un arnés de hombro en un extremo y un anillo salvavidas en el otro. Los rescatadores nadaban con el anillo, se lo lanzaban a la víctima y la remolcaban hasta un bote o la orilla, evitando el contacto.

Nada ha cambiado... También llamado salvavidas circular ha llegado hasta nuestros días, puede estar construido de corcho, telgopor con un alma de hierro para que dure más, recubierto con tela de nylon náutica en color anaranjado, rodeado de una soga, unida en cuatro costados y cosida a la estructura de la rosca, o en sus últimas presentaciones, completamente de plástico igual que un torpedo con 4 manijas incorporadas al elemento. Siempre con una bandolera de soga náutica que usamos a modo de arnés, recubierta con manguera que nos cruzamos en banda a la altura del tórax, mientras nadamos, y se continúa en la misma soga bien atada con nudo haz de guía, para que no ahorque al salvavidas si está fabricada con uno de los materiales blandos (telgopor o corcho). Este entrañable elemento de rescate que los guardavidas viejos no queremos dejar de usar es el más antiguo no sólo en nuestro país, sino en el mundo entero y, como hemos visto, viene desde el nacimiento de nuestra profesión con origen en la guerra y en la navegación.

Muy práctico una vez junto a la víctima, tiene la ventaja de una gran superficie de agarre capaz de sostener a varias víctimas y con una sola víctima recostada boca arriba otorga mucha flotabilidad. Para el remolque es ideal en situación de tres guardavidas, uno a cada costado, trabando cada brazo de la víctima y ayudando con patada tijera y brazada de estilo over, mientras otro con la bandolera puesta apunta hacia la costa, nadando crowl.

Sin embargo este elemento que así descripto parece perfecto, cuenta con una contra muy importante durante el ingreso al mar y la posterior aproximación hasta la víctima, donde cada segundo cuenta mientras llegamos a quien con tanta desesperación nos necesita: la rosca es el elemento más lento y pesado para nadar con que podemos contar, por la cantidad de agua que arrastra y su forma no es hidrodinámica, de manera tal que para atravesar la rompiente se hace necesario revolearla por encima de la ola. Aquí vemos cómo su mayor virtud que es la flotabilidad se convierte en una pesadilla que nos demora en el ingreso. A mayor tamaño de la rosca, mayor dificultad en el ingreso y aproximación. Con el mar muy picado y vientos del este o sudeste, tenemos varias rompientes seguidas simultáneas con sus respectivos espumones que literalmente detienen nuestro avance. ¿Qué pasa si en esos segundos que demoro de más se me fondea y pierdo a la víctima? Esta desventaja no es menor y por eso elijo este elemento cuando juzgo que el estado del mar juega a mi favor por encontrarse calmo y con sólo una o dos rompientes marcadas.

Repasando algunas consideraciones:

- El nudo que ate la soga de la bandolera al telgopor de la rosca no debe ser un nudo de ahorque porque terminará marcando y cortando el salvavidas con el tiempo.

- La sección de la bandolera que nos colocamos cruzando el tórax para nadar arrastrando la rosca tiene que ir recubierto en manguera, para que no nos lastime la piel durante un remolque.

- La rosca como cualquier otro elemento de rescate debe estar lista para entrar en acción desde la apertura al cierre del puesto de guardavidas. Si la clavamos en la arena, la bandolera debe quedar apoyada en el "lomo" de la rosca, en su parte superior para que, cuando la agarro a la carrera, ya me queda calzada y lista para comenzar a nadar sin quitar la mirada del lugar donde está la víctima que es hacia donde me dirijo. Nada de andar desatando complicados nudos de roscas atadas al mangrullo o tan altas que deba subir y bajar la escalerita de los miradores. Ambas cuestiones hacen perder tiempo precioso.

- Para caminar o patrullar la playa es muy incómoda, pero si no tenemos otro elemento, a caminar incómodos con la rosca, que es mejor a que aparezca un rescate mientras estoy caminando y me encuentre sin elemento.

- El largo de la bandolera no debe superar el metro y medio. A mayor largo, tendremos mayor resistencia, mayor peso para transportar y mayores posibilidades de enredarnos con la soga, tanto en la carrera como en la fase acuática del rescate.

- En la etapa de correr hasta el mar y hasta comenzar con los "delfines", la rosca se transporta en el hombro con un brazo pasado por dentro y sosteniéndola con esa misma mano. Es cómodo y nos queda listo para revolearla por encima de las primeras olas antes de comenzar a nadar.

- La costumbre de hacerle una cruz con soga al centro de la rosca le da mayor estabilidad a la circunferencia cuando el material es telgopor y, a la vez, se gana un agarre más para trabar a la víctima.

Referencias:

- *Gilbert Abbott A'Beckett (1852). The Comic History of Rome. Bradbury, Evans. pp. 92-.*

- *Scientific American. Scientific American, Incorporated. 1848. pp. 2-.*
- *Hugo O'Donnell y Duque de Estrada (2004). El primer Marqués de la Victoria, discurso leído el día 1 de febrero de 2004. Real Academia de la Historia. pp. 46-. ISBN 978-84-96849-08-2.*
- *Análisis y estudio del Álbum del Marques de la Victoria con propósito del su empleo en el modelismo de arsenal naval.*

45. SALVAVIDAS TUBULARES O TORPEDOS

Los primeros datos de la utilización de elementos flotantes para nadar vienen de un grabado asirio que muestra soldados desnudos con odres inflados bajo el pecho con que se ayudaban para desplazarse en el agua, en un bajorrelieve en el palacio noroeste de Nimrud (859 a.C.), práctica que según el historiador Gastón Maspero (1) también utilizaban los egipcios con escudos sobre estos mismos odres y que se documenta más adelante con los romanos (2 y 3) en diversos episodios, por lo tanto no puede hablarse de inventos modernos, si no de adaptaciones que los seres humanos van generando en busca de la perfección.

El Capitán Henry Sheffield (4), en 1897, mientras paseaba por Durban, Sudáfrica, ideó lo que hoy conocemos como torpedo y la llamó "Lata de Rescate", como un obsequio para un club de salvamento local. Construida con hojas metálicas y con puntas en ambos extremos, llevaba una especie de bandolera o arnés similar a los actuales y contaba con la ventaja de que no ofrecía resistencia al ingresar al mar por su forma y superficie de roce con el agua; aunque las lesiones que causaba a nadadores y víctimas la hacían un elemento más que peligroso, por más que se le redondearon las puntas y el material se cambió por cobre y aluminio. No fue hasta la década del 60 que, en EEUU, el Teniente Guardavidas del Condado de Los Ángeles Bob Burnside, mientras escribía su segundo reporte de lesiones en una semana pensó en reemplazar esos materiales duros y peligrosos por el plástico. En 1968, junto a diseñadores, llevaron un prototipo de madera que fue remitido a la Junta Directiva de la entonces Asociación Nacional de Salvamento en Olas, hoy Asociación de Salvamento de los Estados Unidos, y como resultado comenzó la producción en serie de la primera boya de rescate plástica que todavía se la conoce como la Boya Burnside.

También llamados salvavidas tubulares, los torpedos se popularizaron en nuestro país, a partir del estreno de la serie Baywatch, y todos quedamos sorprendidos por ese extraño flotador de plástico que jamás habíamos visto, tan distinto a nuestras viejas y rústicas roscas de telgopor rodeadas de soga. A la vista parecía muy práctico para cruzar la rompiente con sus agarres incorporados, su forma hidrodinámica y aspecto de irrompible, aunque nos quedaban dudas si realmente podría sostener a dos víctimas como era el caso de nuestras confiables roscas. Años después, llegaban las respuestas con los primeros modelos importados o comprados en EEUU y rápidamente fue malamente imitados acá en Argentina, en un formato más pequeño y que soporta una sola víctima. De lo que acabo de decir se desprende que RECOMIENDO Y USO LOS MODELOS GRANDES, ya que, por su forma, el tamaño no influye en el peso y resistencia sobre el agua.

Hoy es el elemento más difundido y utilizado en nuestras playas, habiendo superado a las viejas roscas ya hace muchos años por su durabilidad e hidrodinámica. Lamentablemente seguimos insistiendo con los modelos pequeños autóctonos, cuya única ventaja radica para patrullar, caminando la playa en cuanto a la comodidad para llevarlo en la mano.

Aunque ya no estén hechos de metal como en sus orígenes, recomiendo cuidado cuando entramos al mar con este elemento y estamos cruzando la rompiente de regreso a la costa. La fuerza de la ola y el espumón pueden hacerlo barrenar y que nos golpee en la base del cráneo con considerable fuerza y nos lastime... Lo digo por experiencia.

Referencias:

- *Life in ancient Egypt and Assyria. Gaston Maspero.(2003). Everyday Life in Ancient Egypt and Assyria. Routledge. pp. 341-. ISBN 978-0-7103-0883-2.*
- *Cayo Julio César (1798). Los comentarios de Cayo Julio César: Los comentarios de la guerra civil. en la Imprenta Real, por D. Pedro Julian Pereyra, se hallará en casa de D. Antonio Baylo. pp. 52-.*
- *Robertus Valturius (1535). De re militari. apud Christianum Wechelum.*
- *Brewster, B. Chris (2003). Open Water Lifesaving, The United States Lifesaving Manual. Upper Saddle River, New Jersey 07458: Pearson Custom Publishing. p. 16. ISBN 0-536-73735-5.*

46. CINTURÓN DE RESCATE (SUNCHO)

Cuenta la historia que en 1935, Pete Peterson (1), otra leyenda del surf de aquellos años y del Servicio de Rescate de Santa Mónica, California, produjo el primer tubo de rescate, creando un elemento de auxilio que pudiera ser atado alrededor de la víctima y la mantenga a flote en las grandes olas, aun estando inconsciente. En sus inicios comenzó como un dispositivo inflable y, a pesar de que era vulnerable al mal tiempo y a las rocas, era bastante popular entre los servicios de guardavidas. En 1964, el material mejoró y fabricado de goma de espuma, con una capa de goma alrededor, fue conocido por los guardavidas como "tubo de Peterson".

También llamado suncho en nuestras playas, el modelo actual sigue siendo un tubo de goma con alma de correa de nylon fuerte por cuyo extremo distal asoma un mosquetón, que se puede trabar con uno de los dos aros (según el tamaño de la víctima) del otro extremo, el más próximo a la bandolera, que no es otra cosa que la misma correa náutica que sirve de interior a la goma cobertora. De esta forma el sistema de rescate consiste en abrochar a la víctima y que quede atrapada por este grueso cinturón de goma, que la mantendrá a flote sin esfuerzo, aun si estuviera inconsciente o desesperada, haciendo imposible que se suelte, sin necesidad incluso de la asistencia o apoyo de un guardavidas.

Este es el mejor elemento a mi entender, de hecho es el preferido para playas con olas gigantes y donde los rescates más extremos se hacen con motos de agua o helicópteros. Difícil que fracase en condiciones normales un elemento diseñado para grandes olas.

De fácil transporte, no ofrece resistencia al nado, se adapta a cualquier medida de víctima y las traba, liviano, es el mejor cuando debemos dejar a una víctima sola para ir en rescate de otra y queda debilitada, casi inconsciente pero asida a este elemento. Un buen suncho sostiene sin problemas dos víctimas (están certificados, al igual que los torpedos, hasta 300kg). También existe una versión nacional que no es recomendable por su pequeño tamaño y tipo de material utilizado de menor durabilidad a los importados.

Aquí radica su única flaqueza, dado que el desgaste es mucho y no suele durar más de tres temporadas, sin que empiecen a evidenciarse daños sobre el elemento que lo hacen obsoleto. Se cuartean y dejan de ser impermeables, cuando la goma que los recubre se agrieta por la alta exposición que tiene en la playa y así es como pierden flotación, por lo que ya no sirven con la misma eficacia para la función que fueron diseñados.

Referencias:

- *Craig Lockwood's description of Pete Peterson in a 2005 Surfers Journal article.*
- *http://openwaterswimming.com/2015/11/pete-peterson-classic-waterman/ World Open Water Swimming Association.*

47. ALETAS

Las aletas son un elemento que todos tenemos la obligación de, al menos, conocer y haber probado y experimentado en su uso. Descartadas las aletas de buceo por lo impráctico de su longitud, debemos buscar las aletas específicas para rescate acuático o conformarnos con las más similares, que son las que utilizan los body surfers.

Las aletas aumentan muchísimo nuestra propulsión lo que nos da mayor velocidad para llegar a la víctima y mucho mayor empuje para el remolque posterior. Como con cualquier elemento que se pretende incorporar a nuestro trabajo, y como vengo marcando, antes de probarlo en una situación real de rescate, se debe entrenar, verificar su funcionamiento y sobre todo la respuesta de nuestros músculos y tendones a dicho elemento. Si bien no es complejo en sí mismo ni requiere técnicas específicas, debemos adecuar la cadencia de la patada de crowl u over (tijera), para evitar recarga muscular en cuádriceps y gemelos o calambres en el momento más inoportuno. Así mismo, este particular elemento de uso tan personal requerirá de los ajustes a las correas posteriores en el talón para amoldarse a la medida que quede cómoda a nuestros pies, y del mismo modo habrá que amoldar el pie a la forma de la aleta para no sufrir incomodidades, ampollas, calambres u otras lesiones como tendinitis.

La técnica de ingreso al mar con aletas también hay que entrenarla para no perder las aletas o demorar en la colocación. Parece una técnica sencilla cuando la vemos en una competencia, pero no tanto cuando la tenemos que poner en práctica si no la hemos practicado lo suficiente.

Este y todos los elementos deben estar previamente incorporados de tal forma que los movimientos salgan automáticos y no nos quiten concentración en los detalles cruciales del rescate, cuando la mente debe evaluar la distancia a la víctima, la deriva de la marea, localizar potenciales nuevas víctimas en personas cercanas, lejanía y demora de mis compañeros, etc.

La experiencia nos dicta que las aletas son muy útiles en los rescates largos y no hacen gran diferencia en aquellos rescates detrás de la rompiente, de lo que se deduce que de acuerdo con la geografía de cada playa se harán más o menos indispensables.

Las vamos a ver presentes en cada playa de grandes olas alrededor del mundo, pareciera que junto con las motos de agua y los sunchos constituyen el set de rescate para playas de surf extremo. Extendido su uso en Brasil, de a poco nuestra Costa Atlántica argentina las va adoptando tibiamente, sin que ningún Operativo de Seguridad en Playa las provea aunque algunos cursos ya lo tienen como material obligatorio de cada aspirante a guardavidas.

Los guardavidas que también son atletas que compiten en Salvamento Acuático, de apoco las están popularizando a fuerza de haberlas incorporado a sus puestos de trabajo.

Técnica de colocación de aletas: las aletas van enganchadas por la correa del talón en los pulgares del guardavidas que ingresa al mar, literalmente colgando en la etapa de la carrera sobre la arena y se mantienen en el mismo enganche durante la etapa del "delfineo".

En el momento en que se dan los dos últimos delfines (zambullidas consecutivas cuando todavía se hace pie) y mientras me encuentro debajo del agua, me coloco una de las aletas, se procede al último delfín y nuevamente en la fase subacuática, me coloco la segunda aleta, para comenzar la fase de natación hacia la víctima. De este modo, se colocan entre las zambullidas (durante la fase de inmersión) y se pierde el menor tiempo. Esto que parece fácil y agradable a la vista de quienes observan desde la playa, requiere de práctica y NO SE PUEDE INNOVAR en los rescates reales ni tampoco entrar pensando en las aletas, en vez de en la víctima, por el hecho de no tener entrenada la técnica porque o se perderán las aletas, o el valioso factor tiempo o el control visual de la situación del rescate.

48. MARPA

Inventado en España, el MARPA (Material de Rescate Polivalente Acuático) es un flotador muy parecido a los sunchos o cinturones de rescate, con un silbato en un extremo desde donde arranca una cinta con tres anillas situadas a diferentes distancias, que permite fijar el MARPA alrededor del cuerpo de una persona inconsciente, sea del tamaño que sea, mediante su correspondiente sujeción al mosquetón situado en el extremo opuesto, que finalmente se une a la bandolera. En su cuerpo de color flúo, se han incorporado dos asas y dos bandas reflectantes. Las asas facilitan la sujeción de la víctima consciente, para no perder el apoyo en el elemento flotante, o del propio guardavidas durante el traslado. Las bandas reflectantes mejoran la visualización del elemento cuando hay poca visibilidad. Se incorporó una ventanita plástica donde se pueden colocar anotaciones con consignas ya que es un buen elemento de ejercitación en los cursos para el entrenamiento de futuros guardavidas.

Peso en seco: 760 gramos

Largo del cuerpo flotante: 92 cm

Ancho del cuerpo flotante: 16 cm

Grosor del cuerpo flotante: 9 cm

49. VIEJOS Y NUEVOS INVENTOS. LOS PERROS GUARDAVIDAS

- *Canes:* Nada sobra ni está de más a la hora de salvar una vida. Recuerdo a uno de mis primeros colegas Roberto Martiné con su perro "Delfín", entrenado en rescate, un manto negro con un pretal y un sexto sentido para los salvamentos, flotación y empuje que nos ayudaba y tiraba como cualquiera de nosotros. Sé que se entrenan perros terranovas en playas de Mar del Plata y no dudo de su eficacia porque lo comprobé en carne propia, durante varias temporadas, trabajando al lado de uno de ellos.

- *"El Gusano":* Otro invento de un viejo bañero, Andrés Banchero, con quien también tuve el lujo de trabajar de ladero. Era algo muy parecido a una soga de andarivel con boyas grandes y pequeñas de varios colores, formas y tamaños, con una bandolera para transportarla a nado, que enroscaba alrededor de la víctima, manteniéndola a flote. Una genialidad que inspiraba tanto asombro como curiosidad en los turistas que lo veían extendido sobre la arena, al lado de su reposera.

- *"Amado Bueri":* El querido "Lulo Gasparri", histórico bañero de San Clemente había creado una especie de trineo flotante con ese nombre en honor a su añorado colega, que soportaba muy cómoda y anatómicamente a una víctima, que él llevaba también a tiro con una bandolera.
- *"Boya del Nadador":* Creado por Alejandro "Jano" Fontana, es un muy útil flotador que se mantiene unido al nadador mediante un cinto regulable. Excelente y cómoda medida de seguridad con un silbato añadido para alertar ante una emergencia. Ideal para carreras de Aguas Abiertas.

  Más acá en el tiempo, hay drones con salvavidas que se sueltan sobre una víctima, llegando por aire, y robots a control remoto que van como un torpedo con salvavidas hasta víctimas desesperadas o en aguas heladas, siendo una especie de salvavidas a motor. Más pintorescos o tecnológicos, todo suma y por más que no se deben utilizar elementos NO CERTIFICADOS en nuestro día a día, no dejo de recordar a estos elementos que conocí, y que nos revela el amor que con cada innovación los hombres de mar hicieron y hacen a esta joven profesión.

Nota: No mencionaré ningún elemento ni método de rescate para Aguas Blancas, kayaks o rafting por no ser motivo de este tratado, que se centra en el rescate acuático en el mar. Sólo sepamos que existen y que debemos tener mucho cuidado con creer que el hecho de trabajar de guardavidas en el mar nos faculta para opinar o arriesgarnos en aguas blancas donde la lógica, el comportamiento de las corrientes, la temperatura helada y los peligros son tan diferentes que de no adentrarnos en su estudio y experimentación con mucho respeto y cuidado, podemos pasar de ser un factor de prevención a un factor de riesgo o incluso una víctima.

50. USO DE TABLA ESPINAL

Voy a explayarme un poco en el uso de este elemento que se puede tomar como uno más de rescate, ya que, ante traumatismos como zambullidas de cabeza con poca profundidad en la arena, niños golpeados mientras barrenan con flotadores o golpes en deportes náuticos, es muy común tener que utilizarla para sacar a una víctima del agua.

Recuerdo en una de mis primeras temporadas haber atendido a un turista que, intentando meter un semirrígido en el mar, fue golpeado por el pontón de proa, cuando una pequeña olita lo movió del trailer (ya semi sumergido) hacia arriba y con ese mínimo pero fuerte movimiento le impactó en la pera. Este traumatismo le produjo una lesión cervical tan severa que, hasta donde supe, años después, todavía no había recuperado la movilidad completa de su cuerpo.

Durante la temporada 2017, un practicante de kitesurf fue elevado por el aire por una corriente de viento en un puesto cercano, arrojado y arrastrado por la playa, con múltiples fracturas en su cuerpo y poli traumatismos en otra turista que se encontraba cercana. Otra vez sacamos a una paciente cursando un pico de presión, sangrando profusamente por nariz, con vómitos y semi inconsciente, por encima de un enquinchado que no permitía el ingreso del móvil a la playa. Dos veces tuve turistas con convulsiones que siguieron el mismo camino. Un choque de dos vehículos en las playas públicas que se extienden a mi izquierda, cuyas víctimas me fueron literalmente "arrojadas" en la playa por un vehículo arenero que con mucha voluntad y nada de criterio cargó e intentó evacuar hasta nuestro puesto.

Durante el transcurso de las guardias, una aspirante a guardavidas sufrió lesión medular, calculando mal en un delfineo e impactando de cabeza en el banco de arena, también con secuelas en la movilidad. Y podría seguir con accidentes con motos y cuatriciclos cada vez más frecuentes e incluso fatales en las playas fronterizas con espacios sin guardavidas ni vigilancia activa. Pacientes post convulsivos, desmayados, infartados, incrustaciones de anzuelos, todos son candidatos a ser transportados en tabla a espacios más seguros y confortables.

Son muy vistosas y en algunos casos muy útiles las técnicas de extracción de víctimas del mar. "Australiana", "Hawaiana", "Puesta al sol" y similares se enseñan en los cursos de guardavidas y considero que no está mal que así sea dado que en ausencia de tablas, no quedará más remedio que manipular a la víctima ya de por sí débil, resbalosa e inestable, a veces con posibles lesiones en maniobra no siempre ensayadas y consensuadas con el resto del equipo. PREFIERO LA TABLA ESPINAL plástica. Tengo tabla en mi puesto, y hasta me tomé el trabajo de juntar plata entre comerciantes junto a varios colegas de Las Toninas, y contruir y repartirlas previa capacitación hace unos cuantos años. Por supuesto que no entraremos nadando con la tabla. Estamos hablando de la extracción del mar de la víctima Para comenzar tengamos presente: Víctima inconsciente, hipotérmica, post convulsiva o poli traumatizada se debe trasladar ***SIEMPRE en tabla espinal.*** Sigo sin entender por qué no se contemplar este elemento en los operativos de seguridad en playa. El auge del surf, del body, kayaks en manos de neófitos, kitesurf que termina en accidentes gravísimos, cuatriciclos en manos de niños, etc, etc, etc, provocan daños a nivel medular que, sin lugar a dudas, se deben trasladar rápidamente de la playa con TABLAS ESPINALES. Me dirán que, llegado el caso, se llama a la ambulancia para que ellos se encarguen... ERROR. En temporada las ambulancias tardan mientras perdemos minutos preciosos, se aceleran los cuadros de hipotermia y la gente que a veces ayuda y a veces complica, de espectadora pasa a quejosa y metida cuestionando estas tardanzas de móviles de emergencias que no podemos prever... Ninguna ambulancia llegará hasta el pelo del agua o se meterá en la canaleta, desde donde debemos extraer a veces a pacientes poli traumatizados. Tampoco pasan por encima de los médanos. Las tablas a veces se usan DENTRO DEL AGUA y por ello se fabrican con materiales plásticos específicos. Entendamos esto para poder hacer bien nuestro trabajo, entrenémoslo y mostrémoslo a los contribuyentes en simulacros y demostraciones, porque nuestro trabajo es PREVER y eso se logra estando equipados y entrenados como equipo. El equipo ideal es una tabla espinal de plástico con correas de sujeción con velcro e inmovilizadores de cabeza. (Se pueden reemplazar con toallones enrollados a los laterales de la cabeza)

Si se sospecha que esa víctima inconsciente pudo haber sufrido un trauma, debo inmovilizarla y si está en el agua, hay que centrarse en la inmovilización cervical, pasando los dos brazos del rescatador por debajo de sus axilas y con ambas manos apoyadas en los laterales de su cabeza, sostenemos fijamente y de manera alineada la cara y el cuello de la víctima, hasta la llegada de la tabla inmovilizadora, con cuidado de no tapar sus vías respiratorias durante la maniobra y que ésta se encuentre permeable, o sea libre de mucosidad o vómito.

Si tengo que nadar con la víctima traumatizada con posible lesión medular para llevarla a la costa, se la coloca boca arriba como siempre y con sus dos brazos extendidos y cerrados detrás de su cabeza procederé al remolque, colocándome por debajo de ella, nadando pecho invertido y sosteniendo su cuello y zona cervical. De esta manera la cabeza de la víctima queda atrapada entre sus dos hombros y brazos, limitando los movimientos laterales mientras que llega la tabla o llegamos a la orilla.

Por supuesto que estas técnicas no son sencillas cuando tenemos oleaje, viento o grandes rompientes. Siempre evitando el mal mayor, estaremos actuando bien.

Inmovilización y transporte en 10 TIPS:

1) Alineación e inmovilización manual de columna cervical en posición "neutra" e indolora.
2) Realizar la valoración primaria: verificar vía aérea, ventilación, circulación, realizando de forma inmediata las intervenciones necesarias.
3) Colocar el collar cervical (medidas y colocación precisas) y efectuar palpación de columna cervical.
4) Realizar la valoración neurológica de las cuatro extremidades del paciente, en búsqueda de signos de alarma: alteración sensitiva, motora, evaluación de la sensibilidad.
5) En lesiones cervicales se debe tener en cuenta que se puede presentar deterioro respiratorio.
6) Colocar al paciente en la tabla espinal según técnicas de inmovilización ya aprendidas en los cursos de guardavidas y entrenadas en simulacros; luego colocar los inmovilizadores laterales, asegurar y transportar rápidamente.
7) El levantamiento del paciente debe ser coordinado bajo una sola voz de mando, que será quien marche a la cabeza del lesionado.
8) Se recomienda que cuando se realice el transporte en camilla, la cabeza del lesionado indique el sentido de la marcha, excepto cuando existan inclinaciones mayores a 30º (bajando escaleras de muelles, médanos, etc.); en estos casos la cabeza va en sentido contrario.
9) En áreas inseguras, realizar inmovilizaciones manuales rápidas, evacuar el paciente y aplicar protocolo en área segura.
10) Los cambios en el estado de salud del paciente deben ser reportados (radio o teléfono) al centro regulador de urgencias local, para definir el destino de la víctima.

51. DEPORTES CONTRAINDICADOS. LAS LESIONES MÁS FRECUENTES

Dado que nuestra tarea es llevada adelante con el cuerpo como principal herramienta, nuestro compromiso no es sólo con la alimentación y entrenamiento, sino también con los tipos de actividades durante el año y SOBRE TODO EN VERANO, que puedan afectar nuestro buen desempeño y estado de salud. Una de ellas es la más habitual causal de accidentes extra playa, los partidos de futbol. Todas las temporadas tenemos un porcentaje inaceptable de bajas parciales o totales en los operativos por esta afición tan nacional como dañina y contraindicada para el trabajo que hacemos. Ya hemos visto que el 70% del recorrido hacia una víctima lo hacemos, utilizando sólo tren inferior, ya sea corriendo, saltando olas, delfineando o pateando de regreso con un remolque. ¿Por qué arriesgar roturas de meniscos, ligamentos, esguinces de tobillos, etc, por algo que sabemos tan riesgoso? Sólo se trata de identificar riesgos y ser coherentes.

Otra gama de deportes contraindicados es la halterofilia, el levantamiento de pesas, o cualquier tipo de hipertrofia muscular (físico culturismo) a través de esteroides anabólicos, que nos dan aspecto de musculosos con el neófito que no conoce de la necesidad de músculos blandos y elongados para la natación. Los que alguna vez nadaron entienden que esos cuerpos van a contramano del entrenamiento aeróbico y los movimientos laxos y con mucho rango articular que se necesitan para nadar más rápido. El recorrido largo de una brazada o de los pasos en una carrera a pie por la playa requieren de músculos tonificados, estirados y de ninguna manera hipertrofiados. Fatiga, poca flotación y calambres es lo que se logra con un fisicoculturista devenido a guardavidas (o al revés). Mucho menos empezar a ir al gimnasio faltando un mes para la temporada, si no es bajo supervisión profesional y con un tipo de ejercitación complementario a nuestro deporte madre que es la natación. Desgarros, tendinitis por la sobrecarga es lo que puede esperarse más que un cuerpo escultural si buscamos alocadamente resultados en dos meses.

Rugby, motocross y deportes extremos no sólo atentan contra la temporada sino que pueden dejarnos secuelas que hagan peligrar la continuidad en el tiempo de nuestra profesión. Hay que entender que esto no es sólo un trabajo temporario, es un estilo de vida que va a requerir que sacrifiquemos otras cosas si lo queremos hacer correctamente.

Fuera de estas actividades deportivas, y metiéndonos ya en el trabajo, se pueden identificar otras causas de accidentes frecuentes, sobre todo en una actividad donde pasamos descalzos mucho tiempo. El impacto de un salto de altura sin una suela protectora, superficies con conchilla o caracoles rumbo a un rescate o sencillamente sobre arena floja, traen lesiones dolorosas y de largos periodos de recuperación, como fascitis plantares o traumatismos en los huesos cortos del pie como el del talón. Desviar el recorrido hacia un salvamento para evitar pozos o zonas con escombros no nos quitará tiempo en relación al riesgo. Tomarse tiempo de analizar la geografía del lugar que ocupo y las posibles vías de escape del puesto hacia el mar. Evitar piedras grandes semienterradas, alambres, vidrios, restos de un fogón mal apagado, siempre y cuando antes de la situación de emergencia nos hayamos tomado el trabajito de estudiar por dónde deberemos desplazarnos ante un eventual rescate, y pedir si es necesario, que acampen en otro sector de la playa, a turistas y familias mal ubicadas que nos obstaculicen con carpitas con estacas, reposeras o mesitas de camping en momentos de acción máxima.

Si por alguna razón debemos escarbar en la arena o hacer un pocito, usemos algún elemento que no sean nuestras manos o pies porque no sabemos lo que puede haber enterrado. Obviamente iremos a trabajar con la vacuna antitetánica al día, que debiera exigirse.

Cuidado de caminar descalzos o correr sin mirar si hay un pozo, un vidrio, restos de un fogón mal apagado, anzuelos o cualquier otro elemento. Sé que a un rescate se va sin dejar de mirar a las víctimas, pero intentemos no lesionarnos en el camino. Pensemos en despejar de estos obstáculos en nuestra playa en esos momentos en que nos aburrimos por el mal tiempo o la ausencia de turistas.

Otro de los cuidados que debemos tener está dado por la posición de observación del mar, cuanto más elevado mejor. Un error frecuente es dejarse llevar por la adrenalina del rescate y realizar saltos más altos que lo aceptable desde una torre o mangrullo. Se puede perder un segundo o dos en bajar más controladamente los escalones de acero uno a uno, asegurando que se evita una lesión que, a la vez, puede dejarnos sin acudir al rescate y sin el resto de la temporada. Las conductas precipitadas, no premeditadas y en caliente producen lesiones. Es fundamental tomarse el trabajo de diseñar y construir RAMPAS (siempre sobre pilotes para que no la derriben las crecientes), escaleras firmes y amplias o tubos para deslizar tipo bombero con algo suave (una goma de auto puede servir) donde caer. También se puede hacer cada día una montañita de arena si tenemos una pala en la casita o refugio, en el lugar dónde aterrizaremos si saltamos desde el *deck* de la casita el o mangrullo. Suelen ser una buena solución que aminora la distancia de caída y amortigua el impacto en rodillas y tobillos.

52. CONCEPTO DE PREVENCIÓN

En 1983, en EEUU, se comienza a hablar oficialmente de guardavidas (Lifeguards) en lugar de salvavidas (Lifesavers), como en ese entonces se denominaba a nuestros colegas por aquellas playas, justamente para incluir el concepto de PREVENCIÓN del que tiempo atrás George Freeth tanto bregara como predominante, por sobre el acto del salvataje. Prevenir es mucho más que SALVAR. Un conocido refrán de nuestra jerga dice que "el mejor guardavidas es el que no se moja."

Si conocemos los peligros, también podremos anticiparnos y esa debe ser nuestra obsesión. Señalizando, alertando, evitando ingreso de turistas con objetos flotantes con viento del oeste, estando por delante de cada situación de riesgo, cambiando los códigos o banderines permanentemente según las condiciones del mar y del clima, marcando los chupones con banderas rojas y hablando con la gente para EVITAR las situaciones de riesgo innecesarias y en cada ocasión en la cual, por experiencia u oficio, reconocemos como potencialmente peligrosa, ***tenemos la obligación moral y laboral de actuar como agentes de prevención*** que somos, haciendo honor a ese silbato que con tanto orgullo llevamos colgando del cuello. Pelotas, tablas e inflables en días de viento del oeste en dirección hacia el mar, gente pasando redes cuando la marea es muy fuerte, pescadores que se internan más allá de sus posibilidades, embarcaciones precarias, niños con mediomundos muy pesados, madres con bebés en brazos que se internan al mar sin saber que si se les resbala lo pierden… Son algunas de las situaciones que debemos prevenir, pero no las únicas.

Si bien nuestra principal misión es la de GUARDAR VIDAS EN EL MAR, también nuestro día a día y la realidad laboral cotidiana de nuestro litoral marino nos llevan a tener que prevenir también otro tipo de accidentes, como los que se derivan de accidentes en cuatriciclos a altas velocidades por la playa (TODAS LAS TEMPORADAS SE ACCIDENTA Y MUERE GENTE POR ESTE TEMA… ¡CADA VEZ MAS!), perros peligrosos con dueños negligentes, partidos de fútbol que se ponen picantes entre medio de familias con bebés, trasmallos (redes con dos hierros largos clavados al fondo marino, uno en cada extremo) sin marcar en horarios de playa, pescadores mal ubicados con la línea con anzuelos entre los bañistas y tantas cosas que con el transcurso de los días vamos descubriendo.

Difícil esto de educar a la gente, sobre todo a los argentinos, que tan transgresores somos. Contentémonos con prevenir y alertar, antes de que un rayo vuelva a matar gente que no debiera estar ahí. Ya hemos lamentado este tipo de víctimas mortales totalmente evitables... Que yo recuerde hubieron fallecimientos de jóvenes jugando al voley, un niño andando en bicicleta en la orilla y otro barrenando en plena tormenta, en diferentes oportunidades, temporadas y playas. ¡Que no se repita! Me ha tocado exponerme a mí mismo para realizar este tipo de prevenciones pidiendo a turistas que se retiren de la playa y que no me han hecho caso… Es cada vez más común. Habiendo cumplido con mi deber, me retiré y me puse yo mismo bajo refugio. Convertirme en víctima no ayudará a nadie…

Nada en materia de prevención está de más, siempre y cuando el acto en cuestión no nos desvíe de nuestro principal trabajo que está en el mar y en los bañistas.

Mismo concepto para situaciones de violencia o potencialmente peligrosas entre turistas.

Si mi capacidad y la situación (siempre cambiante) lo permiten, intervengo y busco evitar las situaciones de riesgo; y si esta intervención pondrá en riesgo mi principal objeto de vigilancia que es el agua y víctimas de ahogamiento, derivo la situación a quien corresponda, la mayoría de las veces Policía o Prefectura.

53. VIENTOS, MAREAS, SUELO MARINO Y CORRIENTES DE RETORNO

(Válido para la Costa Atlántica Argentina, Pinamar y Villa Gesell. Con correcciones desde Mar del Plata a Monte Hermoso y resto del litoral marino argentino)

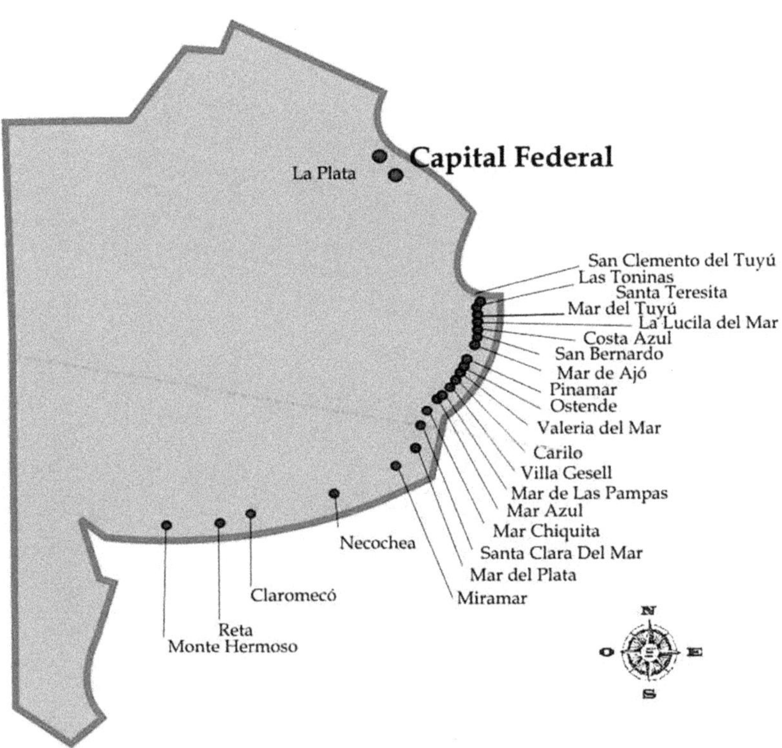

Para poder ejercer una prevención efectiva, tenemos que saber fehacientemente cuáles son los peligros que enfrentamos para de ese modo poder evitarlos.

"Lo único que permanece constante es el cambio" decía Heráclito, o "No nos bañamos dos veces en el mismo río" era otra de sus frases. ¡Qué bien que se aplican para nuestra labor!

Todos los días tenemos una playa y turistas diferentes. Porque es fin de semana largo y llegan turistas que no conocen los peligros del mar; porque es recambio de quincena; porque recién llegan de bailar en estado calamitoso y se quieren refrescar antes de irse a dormir; porque hubo sudestada y quedó una marea lateral muy fuerte; porque se formó un chupón; porque hay viento de Costa y parece planchado pero empuja hacia adentro, etc...

¿Cómo predecir cada fenómeno meteorológico y la forma en que impacta en nuestro trabajo? Es conocimiento que lo dará la experiencia y el capítulo que están por leer.

1) Las mareas

Con este título tan ambicioso no pretendo extenderme en conocimientos técnicos de hidrografía ni de meteorología; sólo mencionar los aspectos básicos de estos fenómenos cotidianos tan indispensables que NO PODEMOS DESCONOCER en nuestro día a día. Cada día tenemos la OBLIGACIÓN de entender cómo está el desarrollo de la marea en nuestra playa, ese sector de responsabilidad que tenemos a cargo. Debemos saber exactamente a qué hora comienzan la pleamar y por ende la bajamar, teniendo siempre en cuenta que el horario de mayor riesgo será el que comprenda las 2 horas centrales de la bajante. Vale decir que, si el mar comienza a bajar a partir de las 13 hs, tendremos un horario central que irá de las 15 a las 17 hs, momento en el que debemos estar más atentos y previsores que nunca porque estadísticamente es en el horario en que ocurre el mayor porcentual de salvamentos, riesgo que obviamente se incrementará si tenemos chupones o corrientes de reflujo en nuestra playa.

Como bien sabemos y se estudia en todos los cursos de guardavidas, tenemos 2 crecientes y 2 bajantes diarias, de aproximadamente 6 horas cada una y que se van corriendo una media hora al día, de modo tal que los horarios de pico de creciente y de bajante cambian, se corren diariamente. Para medir estos fenómenos que dependen directamente de los ciclos lunares, el organismo estatal Hidrografía Naval Argentina ha generado las Tablas de Mareas, con precisión de minutos, segundos y altura de las mareas, que publican en su sitio web www.hidro.gov.ar, para cada ciudad específica, (no es igual en toda la costa atlántica). Estas tablas a su vez se pueden conseguir en los negocios de camping o pesca, pero recomiendo la información directa de esta página porque es la fuente más precisa y de primera mano a la cual podemos acudir. Todos los días cuando tomamos el puesto tenemos que saber los horarios de las mareas, es una pregunta que los guardavidas veteranos debemos hacer a los aspirantes a guardavidas que nos llegan a hacer las guardias obligatorias por los diferentes cursos.

Estas Tablas de Marea como recién mencioné no marcan sólo horarios de crecientes y bajantes si no también la altura de cada una de ellas y podemos calcular hasta donde subirá el mar o con cuanta fuerza va a bajar, dependiendo de estas magnitudes que se identifican en la tabla como “altura de la marea”. No hay que confundirlo con las aplicaciones para surfistas que predicen la altura de las olas; estamos hablando de mareas. Estas tablas de mareas predicen cuánto y con cuanta fuerza crecerá o bajará el mar y deben estar presentes en cada puesto de guardavidas, en el bolso de cada colega, pinchada con dos chinches en el interior de cada refugio y en cada grupo de whatsapp de guardavidas para los que las googlean. Es una de las misiones de los jefes de guardavidas asegurarse de que sus dirigidos tienen estos datos y si no es así, facilitárselos. Fotocopiada, digitalizada o en forma de folleto de un negocio de pesca no nos puede faltar desde el primer día de trabajo.

Por otra parte, debemos saber también que, mientras el mar está en creciente, su dirección de marea es de sur a norte, o sea que cualquier objeto flotante en un día de viento neutro viajará en esta dirección, durante la creciente, y en dirección opuesta, de norte a sur, durante la bajante. Este dato es MUY IMPORTANTE a la hora de ingresar a un rescate, pasando la rompiente porque la marea se comporta distinto en las canaletas que detrás de la segunda rompiente y hay que calcular esta deriva, para saber a qué altura de la víctima se entra al rescate, si se lo hace derecho o un poco pasado para uno de los dos costados, para usar a favor esta deriva. Esto siempre y cuando la víctima esté detrás de la rompiente y que, por lo tanto, esté afectada por una velocidad de corriente distinta a la que el rescatista sufre cuando ingresa. Todo esto se vivencia y se practica antes. Y se aprende leyendo este libro.

2) El estado del suelo marino

El estado del suelo marino es el segundo de los factores particulares de nuestra área de responsabilidad y que debemos conocer a la hora de tomar la guardia diaria; el primero es la marea y lo acabamos de ver y analizar.

Para conocer el estado del suelo marino no puedo valerme de los datos de la tabla de mareas y a veces, tampoco de los compañeros más antiguos porque puede que sea el primer día de la temporada y ninguno de los presentes sepa a ciencia cierta estos detalles, y también hay que tener en cuenta que el fondo marino es muy cambiante.

Para quienes cubrimos siempre la misma playa, esto no representa un problema ya que día a día veremos la evolución de estos cambios, si los hubieran. Lo descubriremos cada vez que entramos a nadar al mediodía o lo veremos en el comportamiento y profundidad de la canaleta, durante las distintas mareas, y cómo va afectando a los bañistas. Detectaremos las posibles irregularidades en el banco de arena, típicos desniveles cuando empieza a formarse un chupón, o una deriva excesiva en la canaleta. También puede visualizarse cuando se tiene el ojo entrenado en la forma de las olas, cuando entran a la zona de rompiente, y sabemos que, si en un sector del banco de arena se encuentra cortado, la ola romperá en menor medida o directamente no romperá por el hecho de la diferencia de profundidad. En momentos de bajante máxima también se podrá apreciar el estado del fondo y si no lo podemos visualizar, se debe aprovechar a "caminarlo", sabiendo que por donde estamos caminando en la bajamar, probando la altura de los pozones o fuerza de la corriente de retorno, se incrementarán las variables de peligro más tarde cuando crezca el mar y esa zona se cargue de agua.

En definitiva, ya sea el guardavidas que entra a entrenar todos los días en la misma playa, o aquel que oficia de franquero y está obligado a examinar cada playa y preguntar a sus compañeros, ***hay que repetir el ritual de ingresar al mar y consultar a los colegas***. Y veremos que esto es una constante. Nadar, entrenar y relacionarse con los compañeros. No existe otra forma de llevar adelante con éxito nuestro trabajo.

Se ingresa al mar y se prueba la profundidad, se camina y se nada la canaleta. Me animaría a decir que también podría bucearse en apnea, para experimentar esas corrientes internas que impiden avanzar a turistas no entrenados cuando hay un chupón. Se nada con rosca en los chupones, se intenta contra corriente, se intenta caminando, saltando en la canaleta, flotando, recorriendo bien ese espacio, imitando los movimientos y recorridos habituales de los bañistas entre las rompientes y la orilla. En definitiva los que no corremos peligro por nuestro nivel de entrenamiento debemos saber y experimentar lo que puede sentir una posible víctima, para así ser precavidos con los turistas y a la vez reconocer cuales son las zonas de riesgo. De nada sirve entrar a nadar 2 km hacia adentro o cualquier lateral, si lo que tenemos que saber es el estado del mar en el perímetro donde se recrea la gente. Ese es el espacio por descifrar y que debemos conocer de memoria porque es donde ocurre la mayoría de los salvamentos.

Estos accidentes geográficos que podemos encontrar se deben conocer y eventualmente, si se juzga que es lo más conveniente, marcar: ollas más profundas en sectores de la canaleta; chupones declarados o en formación; obstáculos como piedras o hierros clavados abandonados por pescadores con redes trasmallos; zonas de irregularidades como pozos, etc. Sabiendo que, si encuentro variaciones de más de 40 cm en el lecho marino, cualquier turista que caiga en ella con el agua al cuello y no sepa nadar, estará en situación de víctima. A su vez, el constante cambio de mareas que suben y bajan producen dos fenómenos: las corrientes laterales cambian de dirección y me llevan a los turistas hacia los accidentes geográficos que deseo evitar; o aquellos bañistas que hayan cruzado en puntitas de pie hasta el banco de arena, luego de que pasó una hora de creciente, seguramente deban regresar nadando al menos unos metros porque no harán pie cuando quieran regresar a la playa luego de haberse recreado en el banco de arena.

Como vemos, el estado del fondo marino si bien es bastante estable, a medida que pasa la jornada, pero nuestro estado de alerta fluctúa por diferentes grados de peligro porque esos mismos accidentes geográficos son más o menos riesgosos por la interacción con las mareas y los horarios pico de turistas.

3) Formación de corrientes de retorno (chupones)

Rip currents para los colegas de habla inglesa o "chupones" para los que nos iluminamos bajo la Cruz del Sur, estas corrientes de retorno, que figuran en primera plana de las páginas web de todas las asociaciones y manuales de los cursos de guardavidas, alrededor del mundo, forman parte de los mayores peligros y causantes de rescates y muertes por ahogamiento.

No hay que temerles en lo más mínimo, sólo identificarlos en fase temprana, o sea no esperar a tener un rescate para darme cuenta de que existe. Es más, hasta se los puede seguir desde su origen y ver su evolución diaria.

Estas corrientes de retorno se conforman por erosión del banco de arena, producto del viento fuerte constante de un determinado ángulo o de corrientes submarinas que fueron horadando el fondo, socavando y sacando arena de manera tal que se forma una especie de embudo, cada vez más marcado, fuerte, correntoso y profundo, a medida que se sigue llevando arena, hasta que el banco queda literalmente cortado, llegando a tener magnitudes realmente preocupantes de más de 20 metros, por donde el agua de reflujo sale de la canaleta hacia el mar profundo con mucha potencia, arrastrando a su paso al mejor nadador, que perderá pie y se verá arrastrado cada vez más lejos de la playa, unos cuantos metros, los suficientes como para desesperar a un no nadador, y deberá buscar los laterales del chupón, que es donde pierden fuerza porque esta energía se diluye. NUNCA un chupón lleva a nadie debajo del agua, ni "te chupa" hacia abajo, como figura en muchos mitos playeros de turistas poco informados.

Estas verdaderas trampas para los bañistas trabajan de tal modo que la gente, sin darse cuenta, se ve arrastrada lentamente al principio, entre salto y salto y mientras juega en la canaleta, hasta que, cuando quiere reaccionar, se ve succionada por este embudo invertido en un volumen de agua tan grande que lo arrastra como a un objeto. Es común sentir que la arena se deshace debajo de la planta de los pies antes de ser arrastrado. Justamente es la fuerza de esas corrientes que ponen inestable el suelo marino. Ya en esta zona de reflujo donde tanto volumen de agua está retornando es imposible evitar el arrastre y aquí es donde empieza la desesperación de querer nadar hacia terreno firme. La poca energía de aquellos turistas desprevenidos o sin entrenamiento se gasta de inmediato y, sumado a la alteración nerviosa, tenemos segundos para llegar antes de que empiecen a tragar agua o entrar en pánico. Es como si alguien hubiera sacado el tapón de una bañadera y el agua escurriera, arrastrando todo.

El comportamiento óptimo y menos veces empleado de esas víctimas sería dejarse llevar flotando hacia más atrás de la rompiente que es donde esta fuerza se diluye, para esperar al rescatista flotando, haciendo la plancha o intentar el regreso muy despacio lateralmente, tal vez saliendo en la playa de al lado.

Por supuesto que de la medida del corte del banco de arena en longitud y profundidad dependerá el volumen de agua que se desplace y cuánta energía y peligro revista cada uno de los chupones, que son todos distintos entre sí y que varían de acuerdo con el momento de la marea en que me encuentre.

Los guardavidas con varias temporadas encima los reconocen por la forma en que rompe la ola cuando pasa por encima del chupón, deshaciéndose en olitas más pequeñas y sin forma, como de agua hirviendo; allí por donde se extiende una corriente de retorno, la ola no rompe. La espuma a su vez deja una estela muy particular al ser arrastrada por esta fuerza extra y nos dibuja muchas veces la trayectoria de los chupones. Cuando los guardavidas nuevos ven estos signos deben hacer las dos cosas que a lo largo del libro vengo recomendando: preguntarle a los más veteranos y PROBAR el mar a la primera oportunidad.

Una vez detectado un chupón, se debe señalizar con banderas rojas en mástiles colocados en cada extremo y no dejar bañar a nadie en sus inmediaciones. Hay carteles con el esquemita del chupón y las recomendaciones que acabo de explicar que se pueden clavar entre estas banderitas, apoyado por nuestra charla con los turistas, explicando de qué se trata este problema que tenemos en la playa. Hasta que algún día llegamos a la mañana temprano, armamos el puesto y el chupón ya no está más, va perdiendo la fuerza o simplemente desaparece con el poder nivelador que tiene el mar en su devenir diario.

Estas corrientes de retorno se ven claramente desde el aire en playas que son patrulladas por helicópteros, filmadas por drones, también las he visto fotografiadas por Google Hearth y hasta en las playas sin servicio de guardavidas, siempre debieran señalizarse con carteles de Prohibición de Baño.

Si poseemos estos datos mapeados en un sector determinado, o sea que SABEMOS que en una playa determinada hay un chupón y a la vez tenemos el dato cronológico exacto de la Tabla de Mareas, sólo debemos cruzar esas dos variables para saber que en esa playa y durante las dos horas centrales de la bajamar, SEGURAMENTE TENDREMOS RESCATES, máxime si coinciden con el horario pico de afluencia de público. Lindo trabajo para los jefes el de reforzar los puestos y la prevención en estos momentos, en especial con carteles y guardavidas adicionales.

4) El Viento

Si lo habremos maldecido todos y cada uno de nosotros, hasta que un día aprendimos a convivir con él. El viento es el último de los condicionantes externos por tener en cuenta para prevenir incidentes tanto dentro como fuera del mar, porque de acuerdo con su dirección e intensidad, sabremos qué esperar, cómo se comportará ese tan temido como impredecible Mar Argentino.

Viento del Este: En nuestro litoral marino, este tipo de viento nos golpea de frente y tiene la mala costumbre de no tratarse de un viento pasajero. Es un viento frío, cargado de humedad, persistente y que no nos da tregua porque, si nos ocultamos detrás de cualquier objeto lo suficientemente grande para que nos sirva de guarida, no veremos el mar, salvo que se trate de un vidrio, que no es lo que abunda en nuestros magros refugios. Muy difícil ocultarse de este viento que encrespa el mar, sin dejar de efectuar la vigilancia que es nuestro deber. Al rato de clavarse del este, tendremos un mar lleno de olas o *corderitos* en el horizonte y en la zona más cercana a la orilla hasta nos cuesta distinguir las rompientes cuando aumenta la potencia, lo cual ocurre con asiduidad.

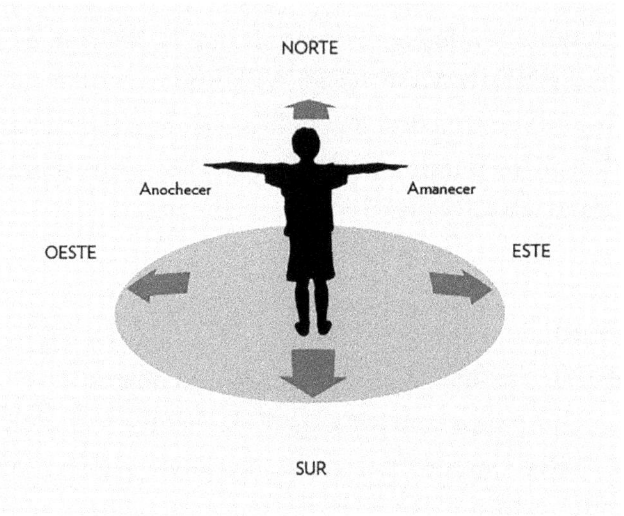

Si bien es verdad que con estas condiciones de mar revuelto y frío, los turistas se vuelven a la comodidad de sus casas de veraneo, también es cierto que, por la dirección en que se origina, hace que se acerque a la costa el tipo de agua transparente y cálida más oceánica (corriente de Brasil) y aleja al agua fría y turbia, empujándola hacia el norte, elevando la temperatura para quienes se bancan el viento fuerte y frío en el rostro, haciendo de la temperatura del agua un atractivo para los que se animaron a ingresar al mar.

Si tenemos un rescate con este tipo de viento, veremos que hay que proteger la vía aérea de las víctimas durante el remolque en este mar picado, que inevitablemente tendrá olas grandes que nos la pueden soltar de nuestro amarre, espumones altos que pueden hacer que se atragante en sus intentos de respirar a bocanadas, en estado de desesperación, y para colmo, la dirección del viento hace que las olas rompan especialmente con fuerza sobre la cara de las víctimas, que siempre son remolcadas por nosotros mirando hacia el mar, en dirección contraria a la costa y siempre boca arriba al alcance de estas salpicaduras.

Suelen ser rescates con víctimas nerviosas que tendremos que tranquilizar para poder trabajar mejor la sujeción y postura para remolcar. Habrá que tomarse el trabajo de explicarles por las buenas o por las malas que nos tiene que hacer caso, ponerse horizontal y que habrá momentos en que debe contener la respiración, para sobrevivir a las rompientes que seguramente por momentos nos cubran por completo completo quedando temporariamente sumergidos.

Cuando nos toque (y nos tocará seguido) convivir con este tipo de viento molesto, NO bajemos la guardia y sigamos atentos, venciendo a la tentación de colocarnos detrás del puesto donde hay reparo, PERO QUE NOS OBSTACULIZA la visión del mar. Son días de pocos turistas y de MUCHO riesgo.

<u>Viento Oeste:</u> Este tipo de viento cálido que corre desde el continente hacia el mar provoca el efecto contrario al recién explicado. El mar literalmente se plancha y corremos el riesgo de que el público no conocedor se confíe por verlo sin olas, muy parecido a una inofensiva laguna. Dependiendo de la fuerza y velocidad del viento, podemos tener una sola rompiente muy marcada y a veces alta (si los días anteriores hubo sudestada se marcará y definirá muy bien, pareja), ideal para el surf, con la espumita de la cresta volando hacia atrás en dirección al océano y que suele romper de manera sonora, rítmica y regular, invitando a la gente en estos días calurosos a internarse en este contexto amigable.

Aquí es donde debemos intervenir, impidiendo el ingreso con cualquier objeto flotante, incluidas embarcaciones a remo. Pelotas, tablas, barrenadores, colchones inflables son rápidamente arrastrados por la fuerza creciente del viento, a medida que nos internamos en el mar en dirección opuesta a la playa, porque este viento que en la orilla parece suave, sopla más fuerte a medida que nos alejamos de la zona de influencia de la costa y que los edificios y construcciones de las ciudades dejan de hacer de paraguas contra este viento. La fuerza del viento oeste aumenta a medida que nos alejamos de la playa y esto puede verse a simple vista en las ondulaciones del mar, a sólo unos cientos de metro de la orilla en aparente calma.

Hay que evitar estos rescates por objetos flotantes empujados mar adentro. Es lo más fácil de prevenir desde la orilla con un silbato y un poco de charla con los turistas.

Con respecto a kayaks, canoas y embarcaciones a remo, si el palista no está muy experimentado, una vez que se aleja de la costa y el viento recrudece, se les hace muy difícil o imposible volver. Ha muerto gente por esta causa, han naufragado días y noches enteras hasta que los encontraron (por ejemplo en Punta Rasa, enero de 2018), motos de agua que se quedaron sin motor cuyos ocupantes nunca fueron encontrados, y a mí en particular me tocó tener que dejar una canoa canadiense anclada y salir a nado porque, con el viento, no podía regresar y cada vez embarcaba más agua. Aprendí que debiera haber remado desde la proa y no desde la popa, y que el agua embarcada la hacía más estable frente al viento. Me lo enseñó un bañero veterano cuando salí, después de que rescataran la canoa anclada solita con un barquito pesquero de un colega. No pasó de un momento gracioso porque me tomó sólo un ratito nadar los 2 km que me separaban de la playa y lo hice en un contexto de mar agradable, pero me sirvió de experiencia para calibrar el riesgo real de ingresar mar adentro en estos días.

En otra ocasión, siendo turista, fui a buscar una pelota inflable que se llevó el viento... Una hora para volver, sin parar de remar y el convencimiento de NUNCA MÁS HACER ALGO PARECIDO. Nadando no hubiera llegado... ¡No lo hagan nunca!

Mientras escribo esto en un martes 16 de octubre de 2018, leo en las noticias de la Costa que, en Mar de Ajó, lograron encontrar al segundo de los dos kayakistas que, desde el domingo, estaban perdidos. Al primero, lo reanimaron con RCP, cuando lo encontraron sin signos vitales, luego de que el mar lo arrojara a 500 metros de la bajada de Halbach, hacia el lado de Punta Médanos. Veinticuatro horas después apareció su compañero, después de haber pasado toda la noche a la deriva, inconsciente y en avanzado estado de hipotermia. La historia se repite y con mayor frecuencia a medida que pululan estas embarcaciones en apariencia muy seguras porque no se hunden, pero que en manos inexpertas se tornan INCONTROLABLES con este tipo de viento.

Cuidado cuando tengamos estas engañosas buenas condiciones de playa; ya ven la gravedad de estas negligencias.

Viento Sur: Este viento frío de suma potencia tiene la mala costumbre de ser estacionario varias largas jornadas, para luego rotar hacia el sud este, provocando las ráfagas más altas en las famosas SUDESTADAS.

El efecto sobre el mar es muy parecido al del viento del este, encrespando el agua y aumentando el tamaño de las olas y rompientes, con el agregado de una deriva muy fuerte en dirección norte, que hace imposible nadar corriente en contra al mejor nadador. Con estas condiciones de viento, vamos a tener un mar con el agua cálida y transparente en contraposición al frío del ambiente externo, y bañistas que, dándose cuenta o no, se ven desplazados por el mar por acción de la fuerte marea en dirección norte, por lo que es muy frecuente que se desorienten al momento de salir del agua, sobre todo los niños, si es que no se mantuvieron atentos, mientras disfrutaban de un agua de mar extraña y transitoriamente cálida para estas latitudes.

No se trata de un viento que genere condiciones peligrosas, porque el mar cobra tanta fuerte con la cadena de rompientes que se hace muy dificultoso adentrarse hasta para los buenos nadadores. En nuestro folclore decimos que el viento sur "saca a la gente del agua". ¿Cuál sería el riesgo entonces en estas largas jornadas ventosas? El riesgo es ¡¡¡CONFIARSE!!!

Nunca jamás nos confiemos, ni con este viento ni con ningún otro. No nos relajemos nunca, tampoco estos días. Hay tragedias con ahogados múltiples, ocurridas en días así que nos recuerdan que siempre hay que estar alertas. A diferencia de los días de viento del este, podemos estar refugiados al norte de un parapeto, casita o sombrilla, vigilando con sólo asomar la cabeza periódicamente cada pocos minutos.

Viento Norte: Por suerte este tipo de viento cálido es el más habitual en nuestras playas, que si bien puede tener días particulares de mayor intensidad, no tiene la potencia ni el frío del viento sur.

Convivir con este viento es lo primero que aprendemos cuando empezamos a trabajar de guardavidas. El mar estará con olas irregulares, turbio y si la intensidad no es alta, colocamos bandera de mar dudoso. Ahora sí, cuando coincide el viento norte intenso con la bajante, preparémonos para hacer prevenciones porque, al sumarse la marea con dirección norte – sur con este viento de idéntico sentido, nos generan situaciones de peligro en un mar revuelto y difícil de ver y de controlar, porque no tendremos dos rompientes bien marcadas como es lo habitual. Son dos factores (viento y marea) que suman fuerza en la misma dirección y desestabilizan a los bañistas, que pierden pie fácilmente y con un poquito de empuje ya se encontrarán en zona de riesgo.

Viento Sud Este: Las conocidas y temidas sudestadas son las tormentas de viento más potentes que azotan, golpean y, en algunos casos, destrozan nuestras playas. Con descenso brusco de la temperatura y grandes crecientes, pueden barrer balnearios enteros, casas, calles costaneras y gradualmente cualquier cosa que se interponga porque el mar crecerá mucho más de lo habitual y en los horarios de bajante lo hará de forma a veces imperceptible. Vienen acompañadas de lluvias o llovizna y rara vez duran menos de tres días, con picos de intensidad que hace que a nadie se le ocurra meterse al mar. Contraindicada toda actividad acuática con estos temporales, aunque vemos que los surfistas, esos grandes rebeldes locos del mar, se internan igual lo que pueden, aunque es tanta la violencia de las olas que es muy raro que puedan montarse en una ola, al ser arrastrados a tanta velocidad. El regreso caminando por la playa también los desalienta porque cuesta caminar y mucho más llevando una tabla abajo del brazo cuando hay que volver, por lo que muchas veces lo hacen por la costanera.

Habitualmente con estas condiciones de marea que empuja de sur a norte *predominando por sobre la influencia de las crecientes* (que en otras condiciones empujan con corrientes norte-sur) se cierran las playas, se pone bandera roja sin que debamos dar ninguna explicación a turistas ansiosos, porque a nadie se le ocurre ni asomarse con tanto frío, arena que vuela y ráfagas que llegan a los 100 km por hora. Debemos tener cuidado como siempre con los curiosos, los arriesgados recién llegados y los surfistas extremos que, si vienen navegando entre las olas, al menos debemos mirarlos por prismáticos y no perderlos de vista.

Sin caseta o refugio en el puesto de trabajo, es imposible quedarse mucho tiempo en la playa en estas jornadas, así que buscaremos el sitio de resguardo más cercano a nuestro lugar de trabajo, ponemos bandera roja y bien abrigados, nos asomamos cada vez que podamos, no sólo a controlar sino a ver este espectáculo que cada tanto nos regala la naturaleza. Es increíble que antes o después de estos cimbronazos el mismo mar vuelva a estar calmo como una laguna. Recomiendo a todo guardavidas nuevo ingresar al mar y nadar o dejarse llevar flotando en estos días, que una o dos veces por temporada nos toca vivir. Entrar, con o sin elemento de rescate, para sentir esa violencia de olas de más de tres metros y espumones gigantes, en los que nada podemos hacer para que no nos arrastren y nos sacudan como si fuéramos un corchito. Nos da dimensión de lo que siente una víctima, conocimiento del medio en el cual debemos velar por los demás, autoconfianza y nos despabila, en esos días en donde es más tentadora una docena de churros que un vendedor ambulante que nos compadece nos regala, a un par de antiparras que descansan y se aburren sin uso dentro el bolso.

54. LOS CÓDIGOS DE BANDERAS Y SU DINÁMICA

(Válido para Argentina)

En todo nuestro litoral marino hemos logrado unificar criterios en el uso de 6 distintos colores combinados o solos, para alertar a los turistas en el cambiante estado del mar.

Celeste: Mar bueno
Amarillo y Negro: Mar dudoso
Rojo y Negro: Peligroso
Rojo: Prohibición de baño
Blanco: Niño perdido
Negro con un rayo blanco al centro: Tormenta eléctrica

Esta excelente herramienta de prevención NO SIRVE si no la usamos correctamente. Es imposible que los turistas nos crean si todos los días colocamos la misma banderita, y como contraparte, es muy útil cambiar el código de banderas a medida que van cambiando las condiciones del mar. Que esto no sea lo único que hagamos. En la medida de las posibilidades hay que hablar con la gente, entablemos conversaciones para que luego se reproduzcan nuestras indicaciones entre las sombrillas y nos ayuden en la prevención.

- Podemos combinar bandera roja con peligrosa, para graficar situaciones de riesgo extremo, indicando condiciones muy peligrosas con presencia de guardavidas.

- Cuando coloquemos en el mástil la bandera de mar bueno, sepamos que pronto vamos a tener a los turistas más atrevidos y arriesgados del verano, pensando que están en presencia de una pileta gigante. Prevean esta situación porque es lo que va a suceder. Las condiciones mínimas para estos casos de MAR BUENO tienen que ser con el mar en creciente, sin viento ni accidentes geográficos en el lecho marino de mi playa, o sea MAR EN CALMA TOTAL. Maximicemos los cuidados cuando colocamos bandera celeste porque de otro modo los que creamos la condición de relajación en las barreras de prevención seremos nosotros.

- Sacaremos la bandera celeste al menor indicio de cambio en las condiciones del viento o de las mareas.

- No dudemos en cambiar los códigos cuantas veces sea necesario de acuerdo con el estado del mar durante la guardia, y si haciéndolo, ponemos en evidencia a colegas de playas vecinas que no lo hacen… mala suerte. No hay que confundir compañerismo con negligencia. Las organizaciones deben andar al ritmo de los guardavidas profesionales y preventivos con adicción al trabajo y no al revés.

- Cambiemos la bandera roja cada vez que comienza el horario NO PICO o de GUARDIA PASIVA, que de acuerdo con cada sector y con cada jefatura será en los momentos en que la playa se encuentra más desprotegida, porque los horarios de descanso de los colegas hace que se encuentren más espaciados cuando la afluencia de pública mengua, como, por ejemplo, entre las 19:00 y las 20:00 hs o en las horas en que los puestos dobles pasan a ser simples, se va el guardavidas de al lado y cubro más metros de playa, etc.

- A veces debemos cambiar la banderita cuando rota violentamente el viento. Generalmente sucede en días en que el viento norte deja de soplar por completo y vemos que el código cae muerto en el extremo del mástil en ese período de calma total. Si miramos el cielo hacia el sur y vemos formaciones nubosas oscuras, estén seguros de que esa calma precede a cambio brusco de la dirección y potencia del viento, que se podrá sur y barrerá con todas y cada una de las sombrillas que se encuentren orientadas en dirección contraria. Los más viejos sabemos del peligro de estas sombrillas voladoras y del filo de estas puntas de metal, tanto que han provocado accidentes fatales. Advirtamos de este peligro inminente en fase temprana, porque las primeras ráfagas ya vienen con mucha fuerza, la suficiente como para provocar accidentes graves. Si no están presentes los dueños de las sombrillas, podemos cerrarlas y bajarlas nosotros mismos. Siempre evitando el mal mayor y no descuidando la vigilancia del mar.

- Colocaremos la bandera negra con rayo blanco al centro al primer relámpago que veamos en el horizonte o trueno que escuchemos, o en su defecto, cuando por cualquier medio de comunicación nuestra jefatura nos advierta y nos dé la indicación.

- Recientemente hemos recibido el aporte de colegas creativos que crearon una bandera para alertar sobre la presencia de medusas (aguavivas) que colocan debajo del código correspondiente al estado del mar. Aplausos para ellos. La colocación de esta banderita nueva no deja de ser una ocasión para charlar con los turistas acerca de esta y otras problemáticas de la playa.

Un guardavidas que cambia permanentemente los códigos de banderas incita a los turistas a preguntar, a comunicarse entre ellos acerca de las cambiantes cuestiones de seguridad acuática. Será más respetado y sus indicaciones más aceptadas porque la gente, que nos evalúa permanentemente, retribuye esa cordial atención, esos detalles, y nos lo devuelve con buenas conductas, con amabilidad y en general, con agradecimiento.

55. EL DÍA DEL GUARDAVIDAS EN ARGENTINA

Existe un día en particular en que los mástiles de cada playa lucen todos los códigos de banderitas; ese día estamos conmemorando el Día del Guardavidas. Veamos de dónde surge...

El 4 de febrero de 1978, al mediodía, en Playa Grande, Mar del Plata, el colega Guillermo Luis Volpe, un día después de lograr el traslado a esa playa donde también trabajaban sus compañeros del curso de guardavidas, ingresa a un rescate de un adolescente junto a sus compañeros de playa.

Rescate exitoso y todos salen del mar menos Guillermo, que había fallecido de un paro cardíaco en el transcurso del salvamento, justo en el día del cumpleaños de su madre.

Así es como, superado el duelo sus camaradas, organizaron un homenaje al otro año, para la misma fecha y que desde 1989, el gremio que nos agrupa en Mar del Plata, deja instaurado ese día como el Día del Guardavidas.

Un poco más acá en el tiempo, en 1991, el sindicato que nos agrupa a nivel nacional homologa el Convenio Colectivo de Trabajo y por un error de tipeo, deja instaurado para todo el resto del país, menos Mar del Plata (Partido de Gral. Pueyrredón) al 14 de febrero como nuestro día festivo.

El por entonces Secretario Gral. (Creador del SUGARA), Rubén Cúccaro, me dijo en primera persona, en mi casa de Las Toninas, junto a varios colegas que compartíamos una cena, que esto fue así y que tenían pendiente corregirlo para hacer honor a la realidad.

No sé qué ha pasado desde entonces para que esto no suceda y tampoco me importa demasiado... ¿Serán inexplicables pujas de poder, ansias de diferenciación o simplemente que aún está en el tintero este cambio de fecha que, desde aquel entonces ambos secretarios generales compartían unificar? Lo cierto es que los hechos son como los acabo de narrar, está en la historia, en el monolito en honor al colega Volpe, en Playa Grande, y en la memoria de sus compañeros que todavía se reúnen en su honor cada 4 de febrero.

Nada cambia para los que todos los días bajamos a la playa y vivimos literalmente de esta profesión, sólo que ese día izamos todos los códigos, dejando más arriba en el mástil el que corresponde al estado actual del mar y de ese modo, cumplimos con la doble función de comunicar las condiciones del mar y de avisar a los turistas que nos saluden o nos regalen algo, aunque sea un mate o un pedazo de torta.

No voy a dejar pasar la oportunidad y vaya un humilde homenaje a quien dejó su vida en el mar por ayudar a un semejante.

56. ORGANIZACIÓN BÁSICA DE UN OPERATIVO DE SEGURIDAD EN PLAYA

Desarrollé en este capítulo sólo algunos conceptos que considero básicos a la hora de tomarnos en serio la organización de un Operativo de Seguridad en Playa. Espero que esta pequeña síntesis sea mejorada y ampliada en la práctica diaria de cada sector.

Distribución de los recursos humanos: Cada ciudad o sector de playa que por su siniestralidad o afluencia de turistas se encuentre protegido por un servicio de guardavidas cuenta con una jefatura, desde donde parte la organización estratégica que incluye a las habilidades de todos y cada uno de los colegas y los diferentes requerimientos de cada playa en especial, donde estos dos factores deben ser tenidos en cuenta para que se coloquen los mejores recursos en cada lugar estratégicamente. Siguiendo este razonamiento, pueden intercalarse guardavidas veteranos con otros que recién empiezan, conjugando experiencia con energía física; se pueden colocar a los guardavidas mejor entrenados para las playas de los extremos o las que más alejadas están entre sí, etc.

Equipo mínimo sugerido: En consonancia con la Asociación Norte Americana de Guardavidas (USLA), comparto sus conceptos acerca del equipo mínimo para guardavidas de aguas abiertas, y este listado engloba lo imprescindible para los guardavidas de mar. Tanto para cuidado de la gente como para nosotros mismos, coincido completamente con ellos y paso a enumerar:

1) *Equipamiento de RESCATE:*

- Un salvavidas por cada guardavidas en servicio (recomiendo tubo de rescate o suncho en primer lugar, luego el torpedo y por último la rosca circular)
- Boya demarcatoria, máscara y snorkel para búsqueda y recuperación de víctimas sumergidas para aquellas playas con aguas claras. En la costa bonaerense no será necesario este ITEM dado que utilizamos el tacto y no la visión para este fin.
- Prismáticos largavistas para cada torre o vehículo de rescate (embarcaciones incluidas)
- Aletas de natación siempre y cuando la geografía y condiciones de la playa lo ameriten.

2) *Equipamiento de Primeros Auxilios:*

- Kit de Primeros Auxilios para heridas menores a tratar en el puesto de guardavidas.
- Kit para urgencias y emergencias en mayor escala. Disponible, accesible y con rápido acceso y respuesta.
- Equipo de protección personal ante agentes o residuos bio patológicos (sangre, gazas con fluidos humanos, etc.) según normas OSHA adaptadas a cada país y a cada territorio para

cubrir los aspectos sanitarios (guantes, cestos especiales de residuos patógenos, etc.) y LEGALES. Quedará luego en los organizadores la tarea de programar y CERTIFICAR el circuito que seguirán estos residuos (ambulancias, centros de salud, enfermerías, etc.)

- Tabla espinal y collar cervical para inmovilización y transporte de víctimas.
- Oxígeno a mano para situaciones que lo ameriten, con todo el personal guardavidas actualizado y entrenado en su práctica.
- DEA, con protocolos de traslado y entrenamiento con simulacros.

3) *Equipos de Comunicación:*

- Equipo para la comunicación entre el guardavidas y el público (silbato, megáfono, sirena de aire, pizarras, banderas, etc)
- Equipo de comunicación entre guardavidas (handys UHF o VHF))
- Equipo de comunicación entre guardavidas y demás fuerzas de seguridad (bomberos, policía, ambulancias, hospital, Defensa Civil, etc) Puede ser radial o telefónica.

4) *Elementos personales:*

- Uniformes con colores y leyendas visibles e identificables desde la lejanía.
- Protección solar (cremas, sombrillas) y del clima (lonas para el viento, etc.)

5) *Elementos Estadísticos:*

- Partes de Salvamentos.
- Registros de Niños Perdidos.

Puesto Central: Todas las consideraciones relativas a los RRHH, sumadas a la organización de francos, horarios de guardias activas y pasivas y demás cuestiones de diagramación de una grilla laboral deben centralizarse en un puesto más adecuado a la simple caseta o refugio de los guardavidas. Es la famosa Torre Cero de los operativos en EEUU, donde se centra la logística e inteligencia de cada sector, el cerebro desde donde parten las órdenes al resto de puestos que las ejecutan. Enumero de qué consta:

- Depósito de materiales de rescate, boyas, DEA, Tabla espinal, mástiles, Bolso de Vía Aérea, Bolso de Trauma con férulas inflables, Tablas Espinales, Mantas aluminizadas para hipotermia, etc.

- Escritorio con cajones para guardar documentación como certificados médicos por enfermedad, cambios de franco, Mapa de riesgo del sector, Tablas de Mareas, Partes de Rescates para estadísticas y demás documentos atinentes a su función y sus dirigidos.

- Mayor altura que el resto de las torres o refugios para una mayor visión, ganando en la observación de las playas vecinas y equidistantes del puesto central, con un largavistas más potente y con trípode para mayor definición. Podemos pensar para este puesto a guardavidas que por su condición física, edad u otros factores, deban desarrollar tareas pasivas.

- Comunicación a través de una BASE con antena de VHF con Prefectura, Policía, Bomberos, agentes municipales de inspección y resto del plantel guardavidas, especialmente las embarcaciones (handys con funda náutica), y vehículos de tierra (cuatriciclos, etc.)

- Disponibilidad de energía eléctrica, internet y en lo posible teléfono con sistema de grabación de llamadas.

- Estacionamiento para vehículo del jefe (transporte del DEA) y coordinadores (dependiendo de la magnitud del sector) + boyado para entrada y salida de las embarcaciones de rescate, con acceso desde costanera, debiendo idealmente coincidir con la playa donde se encuentra el puesto de Prefectura, pero trabajando independientes de ellos y en un ámbito diferenciado de esta otra función de seguridad en playa. La nuestra es de rescate y la de ellos es policial aunque suelen colaborar en misiones de rescates complejos, sobre todo de náufragos y en situaciones de víctimas desaparecidas.

- Desde el Puesto Central se vigila con prismáticos fijos mas potentes (guardavidas rotantes o con tareas pasivas), se intercomunica al sector, se dirigen las acciones de salvamento, se pide auxilio a otras fuerzas de seguridad o médicas y se patrulla de manera terrestre y náutica al sector. Funciona como un Despacho de Servicio de Emergencias que dirige a sus unidades. Es un centro organizador y de logística, la "cocina" de nuestros operativos.

Puestos Dobles y Puestos Simples: Conociendo las características de cada sector en particular y sabiendo cuáles son las playas y horarios más concurridos, se dispondrán de puestos dobles o simples, alternando los horarios y cantidad de colegas para optimizar los recursos, evitando que haya superpoblación ("cuando todos miran, nadie ve") o falta de guardavidas. ***Se calculan las distancias entre guardavidas***, que según Convenio Colectivo de Trabajo argentina, son 80 metros para cada costado (40 metros para playas muy concurridas), la población y horarios pico ***para prevenir rescates múltiples con pocos recursos o distancias imposibles de cubrir*** en solitario.

Funcionalidad y Rotación: De esta descripción se desprende la idea de un Operativo centrado en un puesto de jefatura que a la vez funciona como bajada náutica de las embarcaciones propias del cuerpo local de guardavidas; guarda del DEA; Logística con cartelería que delimitan el sector y marcan las reglas y normativas, materiales, códigos, etc.; Base de Comunicaciones interna para coordinación entre guardavidas; y jefatura y externa para pedir apoyo al resto de fuerzas de seguridad y punto central para los vehículos de patrullaje terrestre.

Es MUY IMPORTANTE que se impulse la rotación de todos los colegas por esta base, de modo tal que todos y cada uno pueda capacitarse, acreditarse y homologarse en TODAS las tareas, como por ejemplo en Timoneles de Rescate para que podamos hacer los reemplazos por jubilaciones, enfermedad y ausencias con colegas igualmente calificados y entrenados en las diversas funciones. Del mismo modo centralizando la radio operación se genera un puesto que coordina a los colegas en las evacuaciones de emergencias, patrullaje náutico según demanda y exige el aprendizaje de los protocolos del Despacho de Emergencias Médicas, lo cual es otro estudio de capacitación en sí mismo. Esto faculta a que aquellos con tareas pasivas puedan cumplir horarios y labores colaborando con sus compañeros.

El armado del Operativo de Seguridad en Playa es algo serio. Los guardavidas se enferman, se lesionan, compiten y hay que reemplazarlos. Son seres humanos a quienes se debe apuntalar facilitando trámites, coordinando entrenamientos, entregándoles o reponiendo elementos de rescate, ropa de trabajo, capacitándolos y en definitiva, logrando ese espíritu de grupo que tiene que caracterizar a los equipos de rescate para que su ***objetivo de maximizar la seguridad en playa*** tenga éxito.

57. ORGANIZACIÓN DE SIMULACROS

Para verificar la coordinación y efectividad individual, grupal e inter fuerzas (el resto de los sistemas de rescate que nos secundan) se deben programar simulacros periódicamente, de manera tal que podamos cumplir con dos objetivos fundamentales: *Acostumbrarnos a reaccionar mecánicamente ante situaciones de stress, e identificar aquellos ajustes internos que sean necesarios para lograr la excelencia.*

No podemos pasar temporadas enteras sin ejercitar aquello en que les va la vida a los veraneantes, que es nada menos que nuestro nivel de coordinación.

Organizando simulacros descubriremos nuestros puntos débiles. Haremos mapas de riesgo con las bajadas a la playa que no cuentan con acceso de ambulancias; nos permitirá saber cómo está la comunicación interna, si todos los handys estaban funcionando; si los guardavidas estaban atentos, si los DEA´s tenían carga y los parches actualizados, si las embarcaciones tenían combustible suficiente, las tablas espinales sus respectivas sujeciones, etc. Detectaremos si todas las frecuencias de radio están relacionadas para actuar en conjunto sin pisarse y evidenciaremos la capacidad máxima, dentro de una respuesta aceptable (en la ***demora de los móviles*** por ejemplo, o en la ***cantidad de guardavidas*** para un rescate múltiple) del sistema en su conjunto, y muchas cosas más que ni nos imaginamos, y que por la falta de evidenciarlo mediante estas prácticas permanecen ocultas.

¿De qué otra manera mostraremos a las autoridades y turistas aportantes de impuestos nuestras virtudes o necesidades?

Los SIMULACROS no se realizan a lo loco, para que sean efectivos deben pasar por un proceso que incluye:

- *Reunión previa con las partes involucradas*: Que irá desde los guardavidas solamente, en la simulación de un rescate común y corriente, hasta la posibilidad de involucrar a Prefectura, Policía, ambulancias y Centros de salud locales. Cada fuerza de seguridad implicada debe enviar un representante único como delegado a esta reunión que servirá también para conocerse las caras, intercambiar teléfonos y sociabilizar previo a la situación de crisis real.
- *Asignación de Roles*: Se dispondrán de dos figuras muy importantes.

  a) Un Director del Simulacro encargado de la coordinación interna de cada detalle y que será el vocero ante los participantes, la sociedad o el público acerca de los resultados.
  b) Veedores: Son los delegados de cada fuerza de seguridad, que identificados como tales (pecheras o brazaletes), tomarán nota de cada detalle para luego volcar en la evaluación posterior. Ellos NO PUEDEN INTERVENIR en ningún momento del simulacro, ni tampoco hablar con los participantes activos del mismo.

- *Aviso en los medios de comunicación*: No queremos alarmar a nadie ni preocupar innecesariamente a la población, por lo tanto hay que avisarle a turistas, policías y demás involucrados.
- *Entrenamiento de los actores*: Se especificará qué se espera de ellos, qué deben simular (Paro Cardio Respiratorio, heridas con hemorragias, traumatismos, etc.) y se verificará previamente para evitar sorpresas.
- *Invitación a la prensa*: Es un buen canal de comunicación previa y posterior, además de un *back up* de imágenes promocionales a utilizar por departamentos comerciales que promocionen los destinos turísticos.
- *Reunión Evaluativa posterior*: Se reúne nuevamente el Comité Organizador del Simulacro y según las anotaciones de cada veedor, se analizarán los resultados y cuestiones a coordinar, mejorar o ajustar con el objetivo de armar o mejorar los ***protocolos de trabajo*** para las diversas situaciones.
- *Devolución a cada área*: Las áreas que hayan intervenido deben recibir una devolución lo más profesional y clara posible acerca de su intervención, para poder mejorar algún aspecto, para modificar conductas o para incorporar nuevas metodologías que nos harán más efectivos individualmente y como equipo.

Para aquellas jefaturas responsables que aboguen por el crecimiento de su equipo, y aquellos Municipios que entiendan que éste es el camino, veamos cómo distribuye las funciones y cargos de un simulacro la Organización Panamericana de la Salud (O.P.S.):

Áreas de trabajo y Funciones de un SIMULACRO

Coordinador

- Conformar y coordinar los equipos responsables de las diferentes tareas de preparación y ejecución del simulacro.
- Establecer la hipótesis y todos los parámetros del ejercicio de acuerdo a los elementos que se quieren probar o ensayar.
- Escoger el sitio para la realización del simulacro en coordinación con el equipo de diseño técnico.
- Dirigir las coordinaciones internas y externas antes y durante el ejercicio, incluyendo autoridades y líderes comunales de la localidad donde se realizará el simulacro.
- Coordinar la autoevaluación del proceso general de organización del ejercicio y elaborar los informes respectivos.
- Detener las operaciones del simulacro cuando ocurre una emergencia real.

Administración y finanzas

- Preparar el presupuesto para el ejercicio.
- Coordinar con logística la adquisición de insumos y materiales necesarios.
- Elaborar informes financieros.
- Seguridad
- Elaborar y coordinar un plan para la seguridad de todos los participantes, incluyendo alertas de eventos reales durante el ejercicio, previa visita de reconocimiento a las áreas en las que se realizará el simulacro.

- Coordinar y controlar todos los aspectos de seguridad durante el ejercicio, incluyendo los accesos y protección de perímetros.

Control del ejercicio

- Revisar conjuntamente con el comité coordinador y el equipo de evaluación, la metodología y procedimientos para el simulacro.
- Realizar visita de reconocimiento a las áreas en que se desarrollará el simulacro para familiarizarse y verificar la pertinencia de las distintas locaciones según el escenario.
- Conducir el ejercicio controlando la secuencia del guion y los tiempos de desarrollo del ejercicio.

Participantes

- Cumplir con las funciones asignadas y ejecutar los procedimientos de respuesta en función de sus especialidades.

Simuladores

- Actuar como víctimas y otros personajes simulados según el papel asignado dentro del simulacro.

Diseño técnico

- Elaborar la trama general y todos los componentes del escenario y el guion, incluyendo los recursos humanos y materiales requeridos para el ejercicio.
- Escoger, junto al equipo de coordinación, el sitio para la realización del simulacro.
- Definir y comunicar al equipo de escenografía las necesidades de decorado y efectos especiales para simular los eventos que se ejecutarán.
- Preparar las instrucciones que serán transmitidas a los participantes.
- Elaborar los instrumentos de evaluación para las diferentes escenas planteadas en el ejercicio.

Escenografía

- En coordinación con el equipo de diseño técnico, elaborar la escenografía y efectos especiales necesarios para simular los eventos que se ejecutarán, previa visita de reconocimiento a las áreas en las que se realizará el simulacro.
- Instalar y organizar los elementos que conforman la escenografía en las diferentes áreas del ejercicio, así como la instalación de dispositivos correspondientes a los efectos especiales.
- Garantizar la adecuada preparación e instrucción de los simuladores y operación de los dispositivos necesarios para simular efectos.

Logística y equipos

- Garantizar la eficiente y oportuna disponibilidad de todos los recursos requeridos para el desarrollo del simulacro, incluyendo la compra de los insumos y materiales necesarios.

Evaluación

- En conjunto con el área de diseño técnico propone el instrumento de evaluación, el cual se elabora con base en los objetivos del ejercicio.
- Identificar, convocar y capacitar al equipo de evaluación y observadores.
- Conducir el proceso de evaluación durante y después del evento.
- El coordinador de la evaluación es el responsable de la sistematización y presentación del informe final de evaluación.

Evaluadores

- Aplican el formulario de evaluación durante el desarrollo del simulacro.
- Participan en las sesiones plenarias de análisis y las sesiones específicas de evaluación.
- Justifica los criterios emitidos en el formulario de evaluación del simulacro.

Observadores

- Son personas con amplia experiencia o nivel de autoridad para evaluar procesos o actividades específicas.
- Participan en forma activa durante el ejercicio y presentan sus criterios generales en la sesión plenaria de análisis inmediatamente después del ejercicio.
- Podrán utilizar guías de observación específicas para observadores o bien usar criterios propios sobre la base de la experiencia propia.

58. CARTELERÍA, MEGÁFONOS Y CAMPAÑAS DE COMUNICACIÓN

La Real Federación Española de Salvamento y Socorrismo (RFESS) se planteó que los datos estadísticos son muy importantes a la hora de diseñar planes de prevención y estrategias de comunicación a la población para disminuir los casos fatales. Elaboraron el Informe Nacional de Ahogamientos para medir estadísticamente la cantidad de ahogados (víctimas fatales) en todo su territorio dividiéndolos por fecha, horario, sexo, nacionalidad, edad, y lo que viene a ilustrarnos en este capítulo, localización, ZONA DE PLAYA. Los números son escalofriantes y dicen que ***para un turista es 6 veces más riesgoso bañarse en zonas u horarios SIN GUARDAVIDAS***.

Por lo tanto, y basados en estadísticas y no en sensaciones u opiniones, los horarios y playas que están con cobertura o SIN COBERTURA de guardavidas deben estar exageradamente señalizadas, para advertir incluso al más distraído, y con símbolos universales si es posible, para que sea entendido en todos los idiomas.

Este mismo cartel puede adherirse a la ventana de una caseta de guardavidas para que quede expuesto cuando se cierra el puesto, o con carteles fijos en las puntas de los operativos, por ejemplo.

Otros carteles muy útiles son los que explican el funcionamiento y peligro de los "chupones" o Rip Currents, las corrientes de retorno que tanto trabajo nos dan. Deben ser móviles, livianos, fáciles de poner y quitar, y estar soldados o pegados a lanzas de metal que se clavan en la orilla por delante de este fenómeno que transforma a la playa más calma en la más peligrosa de un día para el otro. No hace falta que haya uno por puesto, todo cuartel central de guardavidas donde se centra nuestra operación debiera tener cantidad suficiente para cubrir la demanda.

Lo que abunda no daña, previene en materia de comunicación. No podemos asumir que todo el mundo conozca nuestros códigos de banderas de estado de la playa, así que también debemos comunicarlo mediante carteles y campañas de comunicación en diferentes medios, incluidos los digitales y las redes sociales ya que no alcanza con la TV y las radios locales.

Otra señalética muy útil es la que está más ligada a las reglas de convivencia, mascotas, horarios de pesca permitidos, etc. Colabora con la armonía entre turistas ya que su desconocimiento deriva en discusiones o peleas en las que invariablemente terminamos de mediadores.

Las pizarras amuradas al mangrullo o torre también son una buena opción si queremos comunicar consignas cortas. Nos da un vínculo con la gente que es muy preciado y nos acerca a quienes por razones de horario pico o cantidad de turistas no podemos relacionarnos verbalmente, ya sea para prevenir o para comunicar cualquier tipo de cuestión relacionada a nuestro trabajo y que por su carácter cambiante, no es pasible de ser comunicada con carteles fijos. Ej: Estado de la canaleta, presencia de medusas, etc.

Los megáfonos son útiles para situaciones muy puntuales, especialmente relacionadas a intervenciones o prevenciones en la canaleta, donde por cercanía los turistas todavía nos escuchan por sobre el sonido del viento o de las rompientes. Dependiendo del grado de caradurez del guardavidas, también sirve para comunicar otro tipo de cuestiones más cotidianas, como niños perdidos, o cualquier tema que creamos que valga la pena. No abusemos de este medio, como dice aquella frase: "Que sea mejor que el silencio...".

No olvidemos que estos aparatos también tienen la función de sirena en casos límites, por ejemplo si hay que despejar rápido un ingreso de playa muy poblado mientras aguardamos que lleguen ambulancias. Es otro elemento para guardar en un cuartel central o cada varios puestos porque su uso no es tan frecuente.

Todas estas medidas apuntan a educar a un público ya de por sí transgresor como es el latino, se complementan con controles y multas por parte de los inspectores municipales y nos facilitan el trabajo porque, de otro modo, seremos nosotros los transmisores de todas estas disposiciones y ordenanzas fácilmente comunicables por otros medios, cuando nuestra tarea primordial es la del rescate y no la educación de los turistas.

Si no comunicamos las reglas de convivencia, la gente interpreta y acciona sin registro alguno de los riesgos. No podemos depender de gente memoriosa que recuerde los horarios de guardavidas o que los adivinen. Mucho menos apelar al sentido común. Los horarios, riesgos y pautas de conducta se deben escribir en los carteles y se deben comunicar en campañas que duren todo el verano, para abarcar todas las quincenas de la temporada en cuanto medio de difusión sea posible, lo que evita accidentes, incidentes, muertos y mucho dinero en salud pública y juicios a los municipios, ya que la actitud preventiva TAMBIÉN se traduce en ahorro de dinero de los contribuyentes.

Existen reglas y comunicarlas es deber del estado dentro del cual muchos de nosotros prestamos funciones. Reglas para las playas con o sin presencia de guardavidas. Insistiré en este punto que evita accidentes y asegura menos roces entre los turistas. A nosotros no da la tranquilidad de un marco legal y la certeza de haber cumplido con el deber de prevenir.

El buen uso de carteles se hace necesario en cualquier operativo, pero más aún cuando la cantidad de guardavidas no alcanza y necesitamos que el turista acompañe con actitudes preventivas.

59. LOS PELIGROS FUERA DEL MAR

Como moderadores de riesgos en la playa, nos vamos a encontrar con riesgos dentro del mar, para los que fuimos entrenados en su prevención y mitigación, y a otra serie de riesgos propios de nuestra idiosincrasia como país.

Voy a enumerar algunos de ellos para los cuales NO fuimos entrenados, NO debieran ser de nuestra incumbencia, NO están dentro de nuestra esfera de responsabilidad pero que lamentablemente nos toca mitigar. Existen muchos otros, pero mencionaré los más comunes:

- *Vehículos a motor en la playa*: Prohibidos por cantidad de ordenanzas y con severas multas, constituyen un riesgo altísimo para cualquier turista y especialmente para los niños que se encuentran jugando entre los médanos y el mar, ajenos a este peligro.
  Más allá de dar parte telefónica y radialmente a la Policía, no podemos permitir que ningún tipo de vehículo a motor grande o pequeño circule por la playa. Se les advierte con potentes silbatazos y se guía con cuidado y a bajísima velocidad a su conductor a la salida costanera más cercana, lo más despacio posible, abriéndole paso entre los turistas.

- *Presencia de perros:* Nunca jamás debemos desatender nuestra atención del mar por lidiar con dueños de perros potencialmente peligrosos, que hayan bajado a la playa. Nuestra responsabilidad está en el mar. Si tenemos turistas quejándose por estas cuestiones se les debe comunicar que, si bien es un acto denunciable, que está prohibido y es riesgoso por muchas razones, además de las sanitarias, el riesgo a morir ahogados es el prioritario. Es el que nos fue delegado y el daño, si nos distraemos de nuestra principal misión, es infinitamente más grave al que puede ocasionar un perro. Atentos como siempre a dar el ejemplo, JAMÁS iremos a la playa nosotros con nuestras mascotas.

- *Zonas peligrosas. Acantilados:* Zonas con prohibición de circulación por peligro de derrumbe, ya sea por construcciones abandonadas o acantilados que se desmoronan DEBEN SER SEÑALIZADOS y controlados permanentemente por inspectores, no por guardavidas que no pueden despegar su mirada del mar. Conociendo estos riesgos y nuestras debilidades como sociedad es que colegas con mucha vocación terminan haciendo un trabajo que no les corresponde, el de varios funcionarios ausentes, pero cobrando sólo por su primaria función de guardavidas.

- *Pescadores:* Existen zonas de pesca dentro del horario de guardavidas, y es hacia donde debemos conducir a los queridos pescadores (mi hermano Pedro, por ejemplo) Si bien es cierto que no es nuestra función interceder con pescadores que desconocen esta disposición y en pleno horario pico se ponen a pescar entre la gente, también es cierto que un turista con anzuelos clavados en cualquier parte del cuerpo nos va a tomar más tiempo y distracción que si lo hubiéramos prevenido. Pescadores y bañistas no son compatibles, no pueden convivir en la misma playa al mismo tiempo.

- *Juego brusco con pelota*: Los partidos de fútbol especialmente (no únicamente) son los que terminan poniéndose picantes, encarnizados y que paradójicamente lastiman a las personas que no están jugando con ellos, como adultos mayores o bebés que no ven venir o no pueden esquivar la potencia de una pelota mojada que, por su peso y violencia, puede ser muy peligrosa.

De la misma manera que se denuncia a un automovilista en la playa o a un pescador rebelde, pueden y deben denunciarse estas actividades si se las juzga como riesgosas. Yo por mi parte prefiero identificar a los líderes de estos grupos, dialogar con ellos, exagerando los riesgos, exponiéndolos con el resto de turistas que estamos protegiendo, poniendo de ejemplo situaciones lamentables anteriores y, en definitiva, intentando disuadirlos, sin quitar la atención del mar. Siempre me da resultado mostrarme firme, amable y concreto, y sin dar lugar a mayores cuestionamientos ni lugar a debate, me vuelvo al mangrullo y les agradezco que corten el partido.

También puede pasar que, llegado el fin de la tarde y del horario de guardavidas, aprovechando la playa vacía, se haya armado un buen partidito de fútbol, cervezas de por medio (poca o mucha) y todos sabemos que después del fútbol los muchachos van al mar.

Quedará en nuestra conciencia si agachamos la cabeza y nos vamos igual, si les avisamos a los líderes del grupo que no quedará nadie cuidándolos o si nos quedamos igual hasta que se vayan.

Sabiendo que estos y otros peligros nos acechan antes de cada temporada, los guardavidas, Policía, Prefectura, inspectores municipales, bomberos y demás fuerzas debemos trabajar coordinados, bien comunicados y con procedimientos claros. Cada guardavidas que empiece su temporada tiene que tener bien claro cómo proceder y a qué organismo recurrir en cada caso, contando con medios de comunicación por canales aceitados y efectivos. Es parte de la tarea de jefatura prever estas situaciones y sus soluciones.

60. CONCEPTO DE PRIMEROS AUXILIOS

Sabemos que cuando las medidas preventivas fracasan, ya sea por falta de organización humana de los responsables de cada operativo, por funcionarios municipales negligentes, vandalismo que arrasa con nuestros carteles, refugios o elementos, turistas con actitudes casi suicidas, etc., terminamos en el segundo paso posterior a la prevención, que es el de brindar primeros auxilios a víctimas de accidentes. ¿Qué son los Primeros Auxilios? Son aquellas medidas o acciones que debemos ejercer sobre una víctima en el lugar del incidente hasta la llegada de personal idóneo.

En nuestro caso el lugar es la playa y el personal idóneo ante algo leve somos nosotros mismos. En caso de que supere a nuestras habilidades, entrenamiento y medios materiales, actúa el servicio de emergencias local que esté previsto, o sea la ambulancia que nos deriven, cuyo número de teléfono debemos tener siempre y como primera medida, cuando nos hacemos cargo de una playa. De más está decir que con tener el número de teléfono solamente no alcanza; debo disponer de un handy, NEXTEL o ***teléfono con carga o batería y señal asegurada para hacer la llamada de auxilio***. Tener previsto por qué playa puede ingresar un vehículo sin tracción en las cuatro ruedas y mínimamente hablado con mis compañeros cómo se hará un traslado en tabla espinal de una víctima hacia la costanera, si es que tengo médanos de por medio.

Previo a entrar en detalles daré tres conceptos básicos:

1) Cualquiera puede y debe dar primeros auxilios. No hace falta ser médico ni emergentólogo, sólo conocer las acciones básicas y contar con los elementos mínimos. La gente, los turistas, nos adjudican este saber, estos conocimientos y dan por sentado que tenemos el equipo mínimo dentro de nuestros bolsos o casillas de guardavidas. Si esto se cumple o no, dependerá del grado de organización de cada operativo y de nuestro grado de profesionalismo. Nada más.

2) El objetivo de todo primer auxilio es EVITAR EL MAL MAYOR. De esta manera, si debo detener una hemorragia y no cuento con material estéril NO IMPORTA, la detengo igual porque estoy evitando un mal mayor a la infección que, al mediano plazo, puedo provocar. Ejemplos de estos abundan.

3) Si no sabés qué hacer, no hagas nada. Sería muy lastimoso verse en esta situación por falta de capacitación o de actualizaciones, evidencia falta de compromiso y de vocación, pero es preferible no hacer nada a agravar un cuadro por desconocimiento, por ejemplo, movilizando innecesariamente a un paciente poli traumatizado, quitando objetos incrustados, etc. Buenas intenciones muchas meces provocan y aumentan lesiones. Acá no funciona hacer lo que dicta el sentido común, hay que hacer LO QUE SE DEBE HACER y no otra cosa. No es este un libro de Primeros Auxilios. Cada uno de nosotros ya lo estudió en sus respectivos cursos, sólo repasemos qué elementos no pueden faltarnos o estar distantes a más de 5 minutos del puesto de guardavidas:

4) Debemos tener siempre un Botiquín de Primeros Auxilios con elementos básicos para atender raspones, heridas leves (Agua oxigenada, iodo, Povidona, gasa, tela adhesiva, vendas); quemaduras (recomiendo utilizar crema PLATSUL), lágrimas artificiales o solución oftálmica para conchilla o arena en los ojos; vendas más grandes y anchas para inmovilizar posibles fracturas o esguinces (recomiendo un pomo de Algespray para utilizar como analgésico y antiinflamatorio); picaduras de medusas (vinagre comercial es lo indicado, como ya veremos). Guantes descartables siempre, tijeras y un alicate para cortar un anzuelo no están de más, recordando que no se debe experimentar técnicas no entrenadas con las víctimas.

5) Bolso de Trauma: Con variedad de férulas inflables que sirven tanto para contener una hemorragia hasta la derivación de la víctima, como para inmovilizar una posible fractura. Existen de diferentes medidas y formas que se adaptan a miembro inferior o superior con distintos tamaños y formas. Traen un cierre plástico para unir los dos extremos y un pico inflador. Tener un set completo, chequeado cada tanto en su funcionalidad (se pinchan), bien organizado dentro de un bolso guardado y siempre listo en el Puesto Central, marca la diferencia a la hora de intervenir en una posible fractura en una red de voley, partido de futbol o accidente de cualquier tipo donde por deformidad de algún miembro o impotencia funcional (no lo mueve bien), presumamos una fractura. Completa este bolso un set de collares cervicales en varias medidas o uno solo, pero regulable.

Salvo en Argentina, que no está legislado, busquemos por todos los medios cumplir con este protocolo de SOBRASA/ILS en tiempo y forma:

GRADOS	SIGNOS y SINTOMAS	PRIMEROS PROCEDIMIENTOS
Rescate	Sin tos, ni espuma en nariz o boca, sin dificultad respiratoria, ni paro respiratorio, ni PCR.	Evaluar y dejar marcharse a la víctima.
1	Tose, sin espuma en la boca y/o nariz	1- Reposo, calentamiento, medidas de confort. Llevar tranquilidad a la víctima. 2- No hay necesidad de hospitalizarla ni de brindar oxígeno.
2	Poca espuma en boca y/o nariz.	1- Oxígeno nasal a 5lts / minuto. 2- Calentamiento corporal, reposo y tranquilización. 3- Hospitalización. Observación de 6 a 24 hs.
3	Mucha espuma en boca y/o nariz, CON pulso radial palpable.	1- Oxígeno con máscara facial a 15 lts/min en lugar del accidente. 2- Posición lateral de Seguridad sobre el lado derecho. 3- Internación en Terapia Intensiva.
4	Mucha espuma en la boca y/o nariz sin pulso radial palpable.	1- Oxigeno con mascara facial a 15 litros/min en el lugar del accidente. 2- Observe la respiración con atención, puede haber paro respiratorio. 3- Posición lateral de seguridad sobre el lado derecho. 4- Ambulancia urgente para mejor ventilación e infusión venosa de líquidos. 5- Internación en UTI con urgencia.
5	Paro respiratorio con pulso carotideo o signos de circulación presente.	1- Ventilación boca a boca – No haga compresiones cardiacas. 2- Después de retornar la respiración espontanea – trate como grado 4.

6	Paro cardio-respiratorio (PCR)	1- Reanimación cardio-pulmonar (RCP) (2 boca a boca + 30 compresiones cardiacas con 1 socorrista o 15 x 2 con dos socorristas) 2- Después del éxito de la RCP trate como grado 4.
Ya Cadáver	PCR con tiempo de sumersión > 1h, o rigidez cadavérica, o descomposición corporal y/o lividez.	No inicie RCP, derive a medicina legal.

Repito un concepto para que quede claro: Entrenen, hagan simulacros, armen protocolos, comuníquenlo a sus colegas y sociedad que nos sostiene con los impuestos. La gente tiene que saber que hacemos estas cosas, que estamos capacitándonos y mejorando continuamente. Es la manera de mejor valorados y posteriormente, MEJOR PAGADOS.

61. LAS MEDUSAS O "AGUAVIVAS"

Cada tanto recibimos estas visitas tan molestas, y dependiendo de la zona que nos toque para desempeñar nuestra labor dentro del litoral marítimo argentino, vamos a renegar más o menos con las "picaduras" y con las madres preocupadas.

Sabemos que de todas las especies de medusas que frecuentan nuestras playas de mar argentinas, sólo 3 representan desde una simple molestia a posibilidades de dejar a una persona alérgica internada.

Empezaré por una de ellas fácil de distinguir, la llamada "Tapioca" (Liriope tetraphylla) de no más de 3 cm de diámetro, que suele ser chiquita como una lente de contacto. Esta pequeña medusa mucho más molesta que peligrosa, afecta las zonas del cuerpo que están en contacto con los elásticos de las mallas porque ahí es donde sueltan su veneno. Produce irritación y hormigueo en la piel, que queda con sensación de picazón.

Luego tenemos a la llamada Medusa de la Cruz Roja (Olindias sambaquiensis) de un tamaño promedio de 10 cm y se llama así porque presenta esa forma y coloración en su cuerpo con tentáculos filamentosos que salen de él y que son los que provocan el ardor y/o dolor que se siente al ser rozado por una medusa. Lo hacen a través de toxinas que se alojan en sus tentáculos, compuestas por una estructura tipo dardo que se dispara al hacer contacto con una superficie. Por lo tanto está mal decir que las medusas pican en el sentido corriente de la palabra; el roce con el animal hace que el accidente suceda. Podemos decir que esta es la variedad más agresiva de las tres.

Por último la Aguaviva común (Chrysaora lactea) es una medusa grande que puede llegar medir hasta 20 cm. Presenta 4 brazos orales y una boca central, con muchos tentáculos largos en el borde de la campana. Los colores son muy variados, desde transparentes, rosas o violetas. El contacto con los tentáculos puede causar irritaciones y ardor en la piel.

Las lesiones más comunes son las lineales que producen ardor, enrojecimiento y comúnmente duran entre 6 y 12 horas. En estos casos el edema coincide en su trayecto con el sitio de mayor contacto del tentáculo con la piel. Este signo es denominado por algunos médicos locales como "signo de huella de tractor". Es raro que la picadura de medusa genere más complicaciones que un dolor o pequeño sarpullido. En caso de que esto último ocurra es importante que la víctima visite a un médico y sea tratado como estado de alergia.

En caso de entrar en contacto con una medusa es importante tomar las siguientes medidas:

- *No fregar la zona afectada con una toalla.* Esto produce que entre más veneno en contacto con la víctima.

- *No lavar la herida con agua dulce.* En caso de que sea necesario lavar debe hacerse con agua salada, de mar.

- *Si es necesario poner algo frío sobre la zona afectada deben ser botellas de agua*, pero no congeladas ya que al derretir el agua dulce complicará la herida. Si se aplica hielo para combatir el dolor (entre 5 y 10 minutos), que no sea directo si no empaquetado.

- *El vinagre comercial* es el principal antídoto para aliviar el dolor producto de la picadura.

- Luego de sumergir en vinagre la zona afectada entre 15 y 30 minutos se aconseja retirar de la piel los filamentos que quedan luego del contacto con la medusa. No hacen falta guantes para hacerlo porque éstos no afectan a las manos ni tampoco a las yemas de los dedos. Asesorémonos cuando vayamos a trabajar a otras latitudes con especies más agresivas y derivemos sin dudar a víctimas de medusas que presenten síntomas cercanos al rostro.

62. RCP Y USO DE DESFIBRILADOR EXTERNO AUTOMÁTICO (DEA)

Este elemento hace la diferencia entre la vida y la muerte de una víctima de ahogamiento. Podrán decir que es caro... nada en comparación con lo que ahorra. Sencillo de usar, pensado para personal NO MÉDICO, sólo requiere familiarizarse con su uso y ponerse de acuerdo en qué playa dejarlo para que todo el resto del equipo lo sepa y lo pueda pedir en casos de necesidad. Recordemos que no sólo tenemos las víctimas de asfixia por inmersión; infinidad de pacientes cardíacos conviven con nosotros y están expuestos a factores de riesgo aumentados en las vacaciones.

Se debe entrenar lo suficiente para que ante un hecho desgraciado su uso salga fluido. Especial atención a lo siguiente:

- Que los parches que se aplican en el pecho de la víctima, que duran un año aproximadamente, no estén vencidos.
- Que haya a mano siempre una afeitadora manual para personas con mucho vello en el torso, que deben ser rasuradas antes de pegarles los parches.
- Una toallita seca (pueden ser las de uso en la cocina) antes de aplicar los parches a la víctima.

- Buscar una superficie seca y aislarnos del contacto con la víctima antes de la descarga.

En resumen, no alcanza con tener un DEA si no se instaura como protocolo y entrena un modelo de trabajo en equipo:

Ejemplo:

1. Identifico un caso de Paro Cardio Respiratorio (PCR)

2. Me ***comunico*** con mi compañero más cercano para que active el sistema de emergencias médicas. Si estoy en el mar, con señas manuales predeterminadas en el equipo de rescate.

3. Mi compañero activa el sistema de emergencias, llamando a la ambulancia según protocolo de comunicaciones de emergencias y PIDE EL **D.E.A.** DEL SECTOR.

4. Inicio maniobras de RCP.

5. El guardavidas a cargo del D.E.A. lo hace llegar por el método pactado previamente por los colegas o el Jefe del Sector (pasamanos, cuatriciclo, bicicleta, etc.), teniendo en cuenta la velocidad que debe imprimirse a esta situación de emergencia (riesgo de vida)

6. Siempre el D.E.A. debe llegar antes que la ambulancia porque está más cerca y equidistante del resto de puestos del

sector. Por cada minuto que pase se pierden el 10% de posibilidades de revivir a esa víctima.

7. El uso de D.E.A. triplica las posibilidades de sobrevida. La desfibrilación en los 3-5 primeros minutos del colapso puede producir tasas de supervivencia de hasta el 70%.

Si queremos dormir en paz, sabiendo que hicimos TODO lo posible por salvar una vida, indefectiblemente tenemos que estar a tono con los últimos avances de la ciencia en cuanto a Resucitación. Desde que en 1992 me paré frente a una playa con un silbato, tuvimos bastantes cambios:

- *Ese mismo año, en 1992, se crea un Comité Internacional de RCP bajo las siglas de ILCOR (Internacional Liasion Commmite on Resuscitation), con el objetivo de establecer unas guías comunes de actuación en la RCP, basadas en la Evidencia Científica. La American Hearth Association formaba parte de este comité internacional junto a otras asociaciones cardiológicas.*

- *Las primeras recomendaciones del ILCOR se publican en 1997, definiendo los siguientes puntos: RCP básica + Desfibrilación precoz + Oxigenación / Ventilación pulmonar a través de un sistema de aislamiento de la vía aérea.*

- *Para el año 2000 se instruye en aumentar el caudal de aire espirada a 1000 cm3, no realizar maniobras de desobstrucción a adultos inconscientes (directo RCP) y mantiene la frecuencia de 15 x 2 para uno o más reanimadores.*

- *En 2005 se cambia a* ***30 masajes x 2 ventilaciones*** *y se eliminan las 2 ventilaciones iniciales, empezando con las 30 compresiones.*

- *En 2010 se publican nuevas Guías, poniendo énfasis en los operadores de los teléfonos de emergencias que deberán estar entrenados para interrogar y guiar en RCP a las personas que llaman.* ***Todos los reanimadores, entrenados o no, deberán proporcionar compresiones torácicas a las víctimas de parada cardíaca. Sigue siendo esencial hacer especial énfasis en aplicar compresiones torácicas de alta calidad. El objetivo debería ser comprimir hasta una profundidad de al menos 5 cm y a una frecuencia de al menos 100 compresiones/min, permitir el retroceso completo del tórax y reducir al máximo las interrupciones de las compresiones torácicas.***
  Los reanimadores entrenados siguen con la misma frecuencia de 30 compresiones x 2 ventilaciones.

- *En 2015 se destaca la importancia de las interacciones/coordinación entre el operador telefónico del servicio de emergencias médicas, el testigo que realiza la RCP y el despliegue a tiempo de un desfibrilador externo automatizado (DEA), que es una de las misiones de los organizadores de operativos de seguridad en playa.*

Resumiendo, debemos estar entrenados en los últimos protocolos que la American Hearth Association y demás organizaciones científicas internacionales bajan periódicamente en base a estudios hechos por cientos de cardiólogos revisores de estos casos, en muchos países, alrededor del mundo, porque basados en el estudio científico y estadístico de estas situaciones críticas se va cambiando el protocolo de actuación en RCP. Actualizados nosotros y nuestros sistemas de capacitación y de actuación.

Desde que me recibí de guardavidas, pasamos de aprender obligatoriamente los métodos manuales de RCP y una secuencia de secuencias de masajes cardíacos por insuflaciones que, según las Normas AHA hasta el 2005, fueron de 15 compresiones torácicas por 2 insuflaciones, a la secuencia de 30 x 2 actual para operadores solitarios, con la posibilidad cierta actual de sólo masaje cardíaco para casos especiales o en personas no entrenadas.

Todos los métodos han dado sus frutos, pero debemos emplear el que corresponde a nuestra época y que marcan los organismos internacionales, no el que mejor nos parezca a cada uno de nosotros.

Sin meterme en explicaciones relativas a Primeros Auxilios que cada uno de nosotros hemos estudiado en los cursos de Guardavidas y que debieran formar parte de las Reválidas, dejaré igualmente algunos TIPS que sería bueno que tengamos bien incorporados:

1. El ritmo del masaje debe rondar entre 100 y 120 por minuto (casi 2 compresiones por segundo).
2. Profundidad de 5 cm, lo cual lo hace muy desgastante para el operador (no más de 6 cm).
3. Las ventilaciones no pueden durar más de 1 segundo. Exagerarlas puede provocar el vómito.
4. La frecuencia es de 30 compresiones x 2 ventilaciones con un solo operador; o 15 compresiones x 2 ventilaciones si existen 2 operadores.
5. En los casos en donde la maniobra de boca a boca no fuese efectiva, revise la hiperextensión del cuello e intente nueva-

mente. Si igualmente no funciona, piense en una obstrucción de la vía aérea por cuerpo extraño.
6. Las prótesis dentarias deben ser retiradas cuando éstas dificulten la respiración de boca a boca.
7. Posicione al ahogado en la arena con la cabeza al mismo nivel que el tronco, evite que se coloque con la cabeza hacia abajo.
8. En caso de vómitos, gire la cara de la víctima de lado, y rápidamente limpie la boca.

Paro respiratorio aun dentro del agua (*):

- Se efectúa con dos socorristas sin material o con un solo socorrista si cuenta con material de flotación (salvavidas o tabla de rescate)
- En casos de inconciencia, uno sostiene a la víctima y el otro abre las vías aéreas y chequea la respiración.
- En caso de ausencia de respiración realizar 10 ventilaciones de boca a boca.
- En caso que haya retorno de la ventilación, el socorrista rescata a la víctima hasta el área seca observando en cada minuto que la víctima continúa respirando.
- En caso que no tenga éxito en el retorno de la ventilación, considere que la víctima está en Paro Cardio Respiratorio y traslade lo más rápido posible al área seca para una completa RCP.
- Causas de inconsciencia en aguas poco profundas: Traumatismo Encéfalo Craneano (TEC), muerte súbita (Infarto Agudo de Miocardio (IAM), convulsiones, lipotimia, hi-

drocución (trauma térmico) y ahogamiento primario de una víctima que fue a parar a aguas poco profundas. Métodos de ventilación dentro del agua Sin equipamiento: Sólo recomendable con dos guardavidas o con un guardavidas en aguas poco profundas.

Con equipamiento: Puede ser realizado con tan solo un guardavidas. El material de flotación debe ser utilizado en el tórax superior, provocando una espontánea hiperextensión del cuello y la abertura de las vías aéreas.

Nota: En los casos de ventilación dentro del agua no es posible utilizar dispositivos de barrera (mascaras) por ser técnicamente imposible, siendo aconsejable la realización del boca a boca.

*Manual de Emergencias Acuáticas, Sociedad Brasileña de Salvamento Acuático (SOBRASA) Con el apoyo de Federación Internacional de Salvamento Acuático (ILS) Autor David Szpilman. Versión Octubre 2015. Traducción Diego A. Pizzini 2- Mayo 2016

63. EL "BOLSO DE VÍA AÉREA"

El tubo de O2 con su respectivo manómetro para saber cuánta carga queda y las diferentes mascarillas de adultos y pediátricas, forman la parte más importante del ***bolso de vía aérea*** y completan el equipo mínimo pre hospitalario que nuestros operativos deben tener disponibles.

Son muchas las personas que cuidamos y no podemos estar desprovistos de estos elementos tan básicos que tantos beneficios traen en el corto o largo tiempo que tenemos hasta la llegada de una ambulancia.

- Quien tenga a su cuidado este material debe tener en cuenta que quede fijado a una superficie estable, porque un golpe fuerte en la válvula del tubo puede producir que salga disparado por la pérdida del gas. Siempre lejos del fuego y a la sombra.
- Prioricemos el tubo de aluminio por sobre el de acero, por el menor peso y para evitar la corrosión, y dentro de un bolso para su fácil transporte en una emergencia, que habitualmente son cardíacas.
- Chequear periódicamente que el regulador y registro funcionen para cerciorarnos que el tubo esté efectivamente cargado con oxígeno, y no se haya agotado en alguna asistencia ante-

rior y luego no se haya recargado. Junto a máscaras de RCP que nos protegen de contagio de enfermedades y cubren boca y nariz, cánulas plásticas de Mayo para pacientes inconscientes, y AMBU (sobre todo si hay mucha demora de ambulancias o durante un transporte largo), terminan de componer el equipo o "Bolso de Vía Aérea" que cualquier operativo serio debiera tener siempre a mano con personal entrenado en la cantidad de litros por minuto, el tipo de máscara con que suministraremos el O2, y en los casos puntuales según el estado de la víctima, porque si no lo estamos, hacemos papelones y obstaculizamos maniobras más sencillas. El uso de este material requiere que estemos familiarizados con él y actualizados en las normas internacionales vigentes.

Debemos entrenar cada temporada con el personal médico que nos auxilia en estos casos, el personal de las ambulancias, y practicar en el uso de estos equipos hasta que lo interioricemos. El procedimiento de brindar oxígeno a víctimas que salen desgastadas por el esfuerzo DEBE salir automático y sin titubeos ni trabas.

Será tarea de cada jefatura de un buen operativo de Seguridad en Playa, la supervisión y puesta en marcha del entrenamiento de todo este proceso, desde la etapa de recepción del llamado de auxilio, el transporte del material, y la eventual asistencia al guardavidas que ha salido con una víctima con estas características.

Como explico en el capítulo anterior, no voy a profundizar en estos conocimientos puntuales por no tratarse éste de un manual de primeros auxilios. Asumo que cada uno que está leyendo, ha pasado por este fundamental aprendizaje, y que asumió el deber de actualizarse cada año con cada nuevo protocolo.

64. EL TRABAJO CON LOS ASPIRANTES A GUARDAVIDAS

Todos estos conocimientos, que como dije al principio no son míos y que aquí vengo repasando y enumerando, nos tienen que nutrir y a la vez tenemos la obligación de transmitirlos y ponerlos en práctica.

Los aspirantes a guardavidas pasan al menos una semana de sus vidas intentando aprender, poner en práctica sus conocimientos adquiridos durante el curso y admirando al guardavidas que le tocó en suerte, aunque este no sea el mejor.

Vienen sobre todo a aprender, incorporar conocimientos y técnicas *in situ* que ningún curso llega a abarcar completamente y si tiene suerte, vivenciar un rescate como estuvieron al menos todo el año soñando. Compartir la guardia con algún aspirante a guardavidas (como alguna vez fuimos nosotros) es una excelente oportunidad para influirlos positivamente, porque están muy receptivos y generalmente emocionados con la misión que esa semana se les encomienda entre comillas, porque la total responsabilidad sigue siendo de los guardavidas oficiales de cada playa. Nunca se olvidarán de esos primeros días; es nuestra responsabilidad que esos días les sean provechosos. Ellos están receptivos a nuestros consejos y expectantes de cualquier situación donde puedan desempeñarse.

Hagamos de esa experiencia lo que hubiéramos querido para nosotros en nuestras guardias, bajemos instrucción en la modalidad de trabajo local, experiencias propias que puedan servirles de guía más adelante y sobre todo, sirvamos de ejemplo nosotros mismos con nuestras acciones que tienen que estar llenas de la humildad del que entiende que el resultado final en nuestra labor DEPENDE DEL TRABAJO EN EQUIPO, un equipo del que esos días el aspirante formará parte y tal vez nos sea de primordial ayuda.

Cuando me toca compartir la guardia con un aspirante, lo que desde hace unos cuantos años es muy frecuente, ante todo le cuento que hay tres reglas inflexibles para aprobar las guardias a mi cargo: llegar a horario, permanecer siempre atento y de frente al mar y jamás irse de la playa por ningún motivo durante el horario asignado. Para el resto de cuestiones, estamos nosotros en nuestra momentánea función docente, en un trabajo que debe salir bien y donde el único con derecho a equivocarse es el aspirante que está aprendiendo y que justamente por eso carece de responsabilidad. Para eso son las guardias obligatorias en los programas de los cursos de guardavidas.

Mucho cuidado con dejar en solitario a un aspirante a guardavidas. Su responsabilidad, como dije recién, es nula y correrá por cuenta de quien lo haya enviado a esa posición el daño que esto pueda provocar en sí mismo o en los bañistas.

Mucho cuidado con entrenamientos exagerados, innecesarios y prehistóricos. No es un curso de comando ni están obligados a realizar pruebas que difícilmente algunos de quienes los envían puedan realizar. Para eso están sus instructores y las salidas grupales o prácticas que hagan con ellos. Veo con desagrado a colegas que utilizan a los aspirantes para realizar las tareas menos agradables, penosas o vergonzantes. Espero que los años sigan concientizando a las generaciones de guardavidas y las guardias sean cada vez más provechosas, ricas e instructivas.

Es un placer cuando pasan los años y ellos vuelven a saludarnos, convertidos en colegas o en turistas, y nos agradecen mucho por tal o cual experiencia aunque tal vez nosotros ni nos acordemos. Seamos buena gente.

65. LA REVÁLIDA DE CADA AÑO

Todos los años desde que me recibí en 1992 tuve que rendir reválida para poder trabajar cada verano. Aplaudo a quien se le ocurrió este mecanismo, para filtrar a quienes no estén en condiciones de tomar semejante responsabilidad y, a la vez, se convierte en un momento ideal para bajar nuevos protocolos de RCP, si los hubiera, y demás incorporaciones de conocimientos o técnicas a medida que nuestra profesión evolucione. Conceptualmente no se puede estar en desacuerdo con esta prueba de suficiencia y repaso teórico de conceptos, aunque creo que debemos mejorarla y ponerla en sintonía con nuestra labor real en el mar.

Si dijimos que como mínimo el 70 por ciento del rescate en el mar se desarrolla utilizando casi exclusivamente el tren inferior, resulta imposible no incluirlo en una reválida seria. Todavía no entiendo cómo no existe una reválida que incluya una simulación de un rescate real con una etapa de correr. Sé de reválidas en EEUU que se realizan bajo la modalidad RUN-SWIM-RUN (correr, nadar, correr) y me alegra que hayan llegado a esa conclusión que pareciera tan obvia, pero que evidentemente nunca hemos imitado. Para la temporada 2018 se incluyó en la Pcia de Bs As el remolque de una víctima por 25 metros y creo que vamos por el camino correcto. A los 500 mts de natación en tiempos prolongadamente ridículos, los cambiaría por piques con un tiempo mínimo porque las víctimas no nos esperan, pudiendo agregar otro tiempo de flotación forzada con arrastre de víctima y necesariamente algo de carrera, no para filtrar a colegas que no puedan cumplirlo, sino para que todos internalicemos que esta actividad es muy importante para nuestra labor y que no se puede trabajar sin entrenarla a la par que la natación.

66. RANKING DE INGRESO

En cuanto a los Rankings de ingreso que las diferentes municipalidades están imponiendo, nada me parece más adecuado. Están mucho más adaptados a las reales necesidades de cada localidad; incluyen una etapa de carrera; se premia a los mejores, más preparados; se agregan puntos por experiencia y sobre todo, evitan los ingresos a dedo y a los acomodados de siempre por política, amistad o lo que fuere. De este modo debieran medirse las diferentes capacidades:

- *Capacidades físicas:* Correr y nadar en similares distancias a las de un rescate promedio. Algunos estados dentro de EEUU tienen su famoso RUN-SWIM-RUN registrando del primero al último en la línea de llegada como factor crucial en los reemplazos anuales por bajas en los operativos.

- *Capacidades Intelectuales:* Capacitación acreditada en carreras afines que deben estar definidas previamente (relacionadas con la salud específicamente)

- *Habilidades Acreditadas:* Timoneles, Conductores de Vehículos de Emergencias, acreditaciones internacionales en Emergencias Médicas (ACLS, PHTLS, etc.)

- *Vocación Acreditada*: Colaboración acreditada en operativos previos, y abierta a colegas con reválida en regla a eventos y guardias previamente consensuadas y comunicadas correctamente para equiparar posibilidades de aquellos que aspiren a un ingreso.

- *Residencia en el sector*: Tal vez sea un buen punto a tener en cuenta por muchos factores logísticos, políticos y sociales, sin olvidarse que este punto NO PUEDE ESTAR POR SOBRE los demás. En este trabajo CUIDAMOS VIDAS HUMANAS, y si se está ahogando un hijo nuestro querremos a los mejores, a los más capaces de resolver la situación y no a los que vivan más cerca. Resumiendo este punto, suena muy lindo en una campaña política cuando se dice que la mano de obra será con gente local. Muy lindo y muy marquetinero, pero no puede ser el único factor porque de lo contrario cae la calidad de los operativos. Sucede lo mismo en los quirófanos, en las aerolíneas y en cualquier lugar en donde pongamos vidas humanas en las manos de nuestros semejantes.

Seguramente puedan mejorarse los rankings actuales y habrá debatir si es tan importante la residencia en el DNI en la ciudad donde se despeñará como sus capacidades físicas o entrenamiento en carreras afines como lo son la medicina, enfermería, etc Habrá que ver y evaluar cada caso en particular... Bienvenidos estos debates: cuidar vidas es para quienes más se preparen y en mejores condiciones estén.

Tal vez se pueda premiar a aquello que no se puede medir fácilmente y que habla de la vocación y da la actitud. Tenemos innumerables ejemplos de aspirantes que realizan más guardias de las exigidas, otros que sin estar dentro del operativo realizan guardias voluntarias, reemplazos y que colaboran en cuanto pueden. Corresponde que exista un marco legal para estos colegas que no tienen contrato alguno con las municipalidades. ¿Debieran firmar deslindes de responsabilidad como lo hace un corredor en una competencia? Sabemos que no tienen ART (seguros del trabajador)... ¿Debería la jefatura sacarles un seguro de Accidentes Personales como se hace por ejemplo en una obra con los constructores? Yo creo que sí, y aunque no soy el más indicado para hablar de leyes, ni este Manual tiene esas intenciones, cabe resaltar que hoy estamos sin paraguas legal sobre estos temas. Un registro de estos "colegas colaboradores" que ya existen debiera cubrir estos aspectos legales y dejarlos en la puerta de entrada de un Ranking coherente con lo que se necesita en cada sector.

En mi caso, en lugar de la semana obligatoria de guardias, realicé guardias voluntarias durante enero y febrero completos aprovechando que mi familia tenía casa en La Costa. Competí en cuanta carrera hubo y me hice conocido de los distintos jefes de cada sector. Al igual que hoy en día, no existía ningún Ranking de Ingresos en el Partido de la Costa, pero gracias al trabajo previo pude ingresar. Transparentar los ingresos y tener un reglamento transparente para acceder a más meses de trabajo o selección de playas debería ser prioridad en la agenda de nuestros dirigentes.

Si pensamos en operativos cada vez más profesionales, y mirando al futuro NO TENEMOS OTRA POSIBILIDAD, necesitamos imperiosamente que los ingresos sean acordes a las funciones que luego deberán cumplir. Operativos más seguros, mejor organizados, con reglas transparentes de ingreso y permanencia, apolíticos, apartidarios, debieran garantizar no sólo mejores condiciones, sino también mejores sueldos y por lo tanto mejores jubilaciones. Hacia allí deberíamos encaminarnos.

67. FRASES QUE NOS DEFINEN

"Guardavidas una vez, guardavidas para siempre"

Esta frase de nuestra profesión, tan divulgada en varios idiomas alrededor del mundo, sintetiza esa vocación que nos mueve dentro y fuera de la playa. No existen buenos guardavidas que miren para otro lado si sienten que pueden prevenir que un semejante entre en peligro en la vida cotidiana y pueden evitarlo, ni quien le niegue una mano al que la está necesitando o pidiendo ayuda.

La actitud que este trabajo nos obliga a tener ante la vida es una ***actitud protectora de quien conoce los riesgos*** que otros tal vez ni tienen en cuenta ***y se compromete***. Terminan las temporadas y seguimos con este hábito de cuidar al prójimo en otros ámbitos laborales que nada tienen que ver con la playa; en nuestros trabajos de invierno o con nuestra familia y afectos, trataremos de estar siempre delante de los problemas y sobre todo de los peligros. Es una faceta nuestra que, sin darnos cuenta, iremos desarrollando y que veo en infinidad de colegas, repitiendo patrones de conducta de cuidado hacia los demás. A esta actitud preventiva la llamo "apagar el fuego mientras es chiquito", evitar que se trasforme en un incendio mientras aún puedo.

A veces pienso que es tanta la responsabilidad que se nos delega que, aunque de manera consciente no lo veamos y le quitemos dramatismo para hacerlo tolerable, nuestro carácter asume una postura, un rol protector que nos marcará para siempre.

"El mejor guardavidas es el que no se moja"

Con esta frase que parece paradójica y que como la anterior pertenece a nuestro folclore y se repite de forma similar en otros idiomas y otras playas del mundo, se sintetiza el concepto de prevención que debe primar por sobre la acción. En criollo sería "más vale prevenir que curar".

Es una mala y riesgosa costumbre de muchos colegas con problemas de autoestima el hecho de dejar madurar una situación riesgosa, hasta tener ya un pedido de socorro en un rescate declarado, para recién ahí ingresar al mar, tocando silbato y corriendo riesgos innecesarios, porque nunca se sabe cómo van a terminar estas acciones. ¿Qué pasa si esa víctima a la que se pudo haber prevenido en fase temprana era cardíaca y termina sufriendo un infarto? No estoy hablando de hipótesis locas sino de realidades que ya han sucedido.

Como guardavidas debemos primera y prioritariamente PREVENIR y nuestra misión es tener CERO víctimas en la temporada, y NO es el objetivo hacer muchos rescates sino todo lo contrario. Significa que estuvimos atentos. Si me permiten les voy a citar a Sun Tzu, un estratega y general chino que escribió "El arte de la guerra" y postulaba que la batalla mejor ganada es en la que se triunfa SIN derramamiento de sangre de ningún tipo. En ningún bando, porque de ese modo se optimizan la energía, los recursos y las vidas humanas. Obvio que requerirá de mentes más despiertas ganar este tipo de enfrentamientos y lo mismo se aplica a nuestra labor ya que se valora muchísimo más a los colegas que advierten del peligro, ya sea hablando con los turistas, comunicando a través de banderas, solicitando carteles a sus superiores o tocando el silbato en la orilla. Evitan malas situaciones y tragedias aun sin mojarse los tobillos. Aplausos para ellos. Se requiere de muchos conocimientos y autoridad para manejar la playa de esta manera. Conocimientos de meteorología, del comportamiento de mar, de la conducta humana y sobre todo, la nobleza de administrar las situaciones de peligro de manera previsora poniéndose en lugar de la gente.

"Como si fueran nuestros hijos"

Siempre digo que cuando estamos en dudas sobre qué acciones tomar, debemos ponernos en la misma situación en la que estamos y reemplazar a los turistas por nuestros hijos (para los que somos padres) o por cualquier ser querido y actuar en consecuencia. De esa manera se resuelve el conflicto y salimos del peligro de ser negligentes, cómodos, descuidados o del peligro de subvalorar situaciones por el hecho de que sean cotidianas.

Si a un hijo le quiero evitar pasar por la adrenalina y la angustia de que sea rescatado y se sienta morir aunque sea por unos segundos... ¿Por qué razón misteriosa lo haría con personas que no conozco?

Dios nos dotó de un cerebro y de un alma, además de músculos y ego. Usémoslos.

"Los rescates se resuelven en la arena"

Con esta frase quiero sintetizar tres conceptos:

- El primero es que cada salvamento termina con la víctima en la arena firme. Nada de dejarlo que salga por sus propios medios porque le da vergüenza o porque puede solo. Mientras haya agua bajo sus pies es nuestra responsabilidad y bien puede desmayarse o infartarse por el esfuerzo y el susto. Se lo acompaña hasta que está en plena playa y me aseguro de que quede estabilizado, sin necesidad de asistencia médica y de ser posible a la sombra.
- El segundo de los conceptos y tal vez más importante es el de PLANIFICAR previo a entrar al mar. Los equipos deben saber cómo van a actuar antes de hacerlo, los roles que cada uno asumirá, quién entra de puntero, quién llama a la ambulancia y las técnicas adecuadas, caminos seguros y técnicas de primeros auxilios se practican antes. Para eso existen los simulacros, los protocolos internos y las reuniones de trabajo. No se puede innovar ni intentar ponernos de acuerdo en pleno desarrollo de un rescate donde cada uno debe saber de memoria cómo debe reaccionar en cada situación.
- El último y para no repetir errores, es el de efectuar, también en la arena, posterior a los rescates, la ETAPA DE EVALUACIÓN. No hace falta nada muy formal, alcanza con una charla entre los colegas que participaron, evaluando cada fase del rescate y apunta a la MEJORA CONTÍNUA, la propia y la del equipo que conformamos con los laderos y franqueros.

"En el horario de trabajo, se trabaja"

Esto se simplifica mucho con estos tres conceptos: No surf, no correr, no nadar. O sea: nada haremos en nuestro horario que no sea TRABAJAR de guardavidas. El mar se mira desde la torre, patrullando o desde el refugio o caseta, no desde una tabla de surf o de un kayak. Aunque no haya nadie en el agua, ni turistas en la playa NO SABEMOS CUANDO NOS PUEDAN NECESITAR. En el 2018 los guardavidas auxiliaron gente que se accidentó y hasta falleció en un derrumbe en la calle costanera de Sta Teresita; antes ocurrió lo mismo en los acantilados de Mar del Plata. ¿Qué hubiera pasado si no estaban en sus puestos? Venzan esta tentación porque de estos errores NO HAY RETORNO.

"Entrenamiento duro...rescate fácil"

Con esta simple y elocuente frase se sintetiza el valor del entrenamiento serio previo a cada temporada.

"Nunca pasa nada, hasta que pasa"

Yo digo que nuestro peor enemigo personal no es la falta de entrenamiento, ni las lesiones si no la falta de atención. Son muchísimos más los minutos que pesamos pendientes del mar sin que pase nada, a los de la adrenalina de un rescate. Tantos que la mente se distrae inevitablemente con cualquier cosa. Volvamos y obliguémonos a estar atentos al mar y los bañistas. Saquemos del cerebro todas las distracciones, que son muchísimas y muy tentadoras, sobre todo en los días en que por la poca gente o el mal clima tendemos a confiarnos. Basta un solo turista que ingresa corriendo al mar en su primer día de temporada y se quiere meter igual, corriendo aunque esté feo, para que tengamos una víctima en segundos de distracción. Esto pasó tantas veces que hasta me parece innecesario citar ejemplos. ¡Administremos bien las horas de sueño!

"Si algo puede fallar, fallará"

Esta es la primera ley de Murphy y no tengan dudas que lamentablemente funcionan… y a la perfección. El día que no cargamos el celular, seguro que lo necesitamos. Cuando nos olvidamos de caminar con el salvavidas, tenemos que entrar de apoyo a un rescate. Sin ir tan lejos, cada vez que no cargo los anteojos porque llueve, resulta que sale un sol que me deja ciego. Lo mismo con el abrigo en los días lindos y con cada tarea que no chequeamos correctamente por aburguesarnos, por cansancio, por distracción o por olvido.

"Siempre listos"

Esta frase de los *scouts* también aplica a la perfección en nuestro trabajo. Si usamos zapatillas por la razón que sea (mal tiempo, alguna lesión en la planta del pie, etc.), asegurémonos que los cordones estén desatados; para los días fríos preferible una remera de lycra que no hace falta sacarse para entrar a un rescate a las capas y capas de ropa de algodón; evitar que me instalen sombrillas y carpas en la zona de escape que usaré en una corrida desde el mangrullo, casita, etc. En definitiva prever y estar listos en todo momento porque los rescates muchas veces NO AVISAN, llegan de improviso.

"Cuando todos miran, nadie ve"

Esta frase resume el concepto de que muchos colegas juntos se suelen confiar en la mirada y la vigilancia del colega, y cuando esta actitud se contagia entre los guardavidas que trabajan en un mismo puesto superpoblado, lo que termina sucediendo es que prevalece la charla entre ellos a la actitud de vigilancia que deben tener sobre los bañistas. Es difícil pero obligatorio para las jefaturas encontrar ese equilibrio en la cantidad de guardavidas óptima, para cubrir determinada cantidad de metros o kilómetros de playa y no caer en estos vicios de la profesión.

"Con tu primer ahogado te recibís de GUARDAVIDAS"

Dejé para el final esta frase y la siguiente en homenaje a su autor quien nos la repetía en cada asado o reunión y es uno de los pioneros de nuestra profesión en este país: el Tano Cúccaro.

Con estas palabras nos quería graficar dos temas que SIEMPRE debemos tener presentes: el primero es que no somos súper héroes aunque en las primeras temporadas así lo creamos, y mucho menos, infalibles; el segundo tema que el Tano nos quería transmitir es lo grandioso de nuestra profesión: aquello que buscamos evitar. Es entender que el fatal desenlace es parte, viene con nuestro trabajo aunque sea nuestro deber evitarlo por todos los medios. Es traumático ver un cuerpo muerto en playa. La víctima de ahogamiento no tiene lastimaduras, lleva la misma malla o ropa con que entró al mar a divertirse, y allí lo tenemos con la piel blanca y los labios color ceniza. La familia llorando o en shock en la playa. Gente que nos grita que hagamos algo, que lo resucitemos como sea, que el desfibrilador, que la ambulancia, y es en esas situaciones límites donde habitualmente terminamos de entender cuál es el valor sagrado de nuestra tarea. Haremos RCP o lo que la situación amerite manteniendo la calma durante la tempestad, llevando coherencia a algo que no la tiene porque nadie está preparado para perder a un familiar o a un amigo mientras se está bañando en las vacaciones.

De ningún modo con esta frase se toma livianamente lo que significa un ahogado para un guardavidas, muy por el contrario. Habla del valor incalculable de una vida humana y de lo irreversible de aquello que es nuestra peor pesadilla. Algo que se termina de entender cuando se vive en primera persona.

"El treinta por ciento SON GUARDAVIDAS, el otro setenta TRABAJA de guardavidas"

No he comulgado en toda la visión del Tano Cúccaro, tal vez por la corta edad que yo tenía cuando lo conocí y las pocas temporadas que lo frecuenté. Puedo decir que lo admiré y critiqué en la misma proporción. Hoy con el tiempo veo que él tenía mucha más razón en muchos más temas de los que me gustaría admitir.

Esta es otra de sus frases sabias que habla de la vocación necesaria para encarar este trabajo. Ya sea que lleves a esta misión sagrada de cuidar vidas ajenas dentro de tu alma, inscripta en tu ADN o que lo hagas como una manera de ganar dinero, hacer deporte o porque te gustó la serie de televisión. No debería cambiar el profesionalismo con que lo tenés que tomar. Es OBLIGATORIO ser un profesional, para lo cual cada página de este libro espero te haya servido. Si pertenecés a la primera de las dos categorías, a los que SON guardavidas, muchísimo mejor. Te resultará imposible llegar tarde, no mantenerte en forma o no estar sumamente atento, al borde de la obsesión. Esos son los mejores profesionales, porque entregan más de lo que se les pide. Van al frente por sus compañeros, cubren más metros que lo que indica el reglamento, arman casitas de guardavidas con sus manos y sus recursos, buscan y se rompen la cabeza pensando en mejorar sus performances y las de sus respectivos operativos de seguridad en playa, algunas veces hasta en contra de malos jefes, coordinadores acomodados o dirigentes que no pisan la playa. Discuten, se equivocan, pelean y se amigan con sus colegas porque sienten que les va la vida en lo que hacen. ¡Cómo los admiro! Son imprescindibles.

También felicito a los que TRABAJAN de guardavidas y aún sin tratarse de una vocación auténtica, o el más importante de sus trabajos, cumplen con todas las condiciones para hacerlo de manera correcta. A esta categoría pertenece la gran mayoría y también son el sostén de los equipos que temporada tras temporada, año tras año no dejan de salvar gente en las diferentes playas del país.

Pero sépanlo… a ellos los respeto, pero no los admiro.

68. EL GUARDAVIDAS DE MAR

Qué buen título para este pequeño manual/guía de trabajo y qué lindo es ponerlo cuando en algún formulario nos piden que indiquemos nuestra profesión. Guardar vidas es lo que nos motiva a seguir viniendo temporada tras temporada, desafiando toda lógica conservadora. Creo que me pasa porque no encontré nada más increíble que salvar a otra persona sin otra cosa que con un acto de prevención o mis manos. Saber que hay personas que caminan por la vida, ríen, hablan, aciertan, se equivocan, sufren o disfrutan, en definitiva, respiran y están vivos gracias a que ese día yo estaba atento, haciendo lo que debía hacer, en las condiciones en que sabía que había que hacerlo. No es soberbia; el agradecido soy yo porque le ha dado sentido y valor nada menos que a mi vida. Este trabajo tiene la magia de cambiar para siempre los destinos de muchas personas. También el nuestro.

En un segundo se pone en juego la preparación de todo un año de entrenamiento, tu preparación y tus condiciones físicas y mentales. Entrás al mar a tu máxima velocidad, aunque te parece que vas a cámara lenta. Saltás, te zambullís, buscás el atajo hasta las víctimas, nadás al límite, mirando de reojo esas caras de desesperación hasta que llegás a tiempo una vez más y aunque todavía no salieron, ya sabés vos y ellos que están a salvo. Ese momento es impagable; les estás salvando la vida. Hace que todo el sacrificio que hiciste para estar ahí tenga sentido. Se lo olvide en un rato o te lo agradezca toda la vida, vos lo salvaste ese día. Misión cumplida.

No lo sentimos igual en todos los rescates ni con todas las víctimas porque sabemos que muchos de ellos, la mayoría tal vez, saldrían del mar por sus propios medios o con ayuda de otros turistas con mayores o menores secuelas. Pero también sabemos que están los otros, los que sin nosotros no contaban el cuento, de esos que ni vos ni ellos se van a olvidar más, quedando ligados de alguna manera extraña y única. Esos casos son los que van cambiarte para siempre. Acordate de mis palabras.

Existen muchas otras profesiones más sacrificadas, loables y abnegadas que la nuestra que también salvan vidas. Lo que encuentro apasionante en nuestro día a día es la falta de aviso y de secuelas en un rescate complicado y exitoso, lo inminente de una muerte cercana, a un pasito, lo cerca que nos roza la tragedia y la magia de haber salvado a alguien o a varios sólo con nuestro cuerpo y en unos segundos, devolverlo a su familia, que está llorando en la playa o que tal vez ni se habían enterado, como también me sucedió, que a su padre le hacíamos RCP a dos cuadras, mientras sus hijitos jugaban en la arena ignorando lo que estaba pasando. Lo que se siente devolverlos vivos es algo difícil de explicar. Para vos que tenés este libro en tus manos, también te dejo la responsabilidad de mejorar con tus condiciones únicas, tus virtudes y tu toque personal, esta sumatoria de conocimientos y técnicas que acabo de pasarte ojalá te sirvan, vienen de varias generaciones, de la nuestra y de otras latitudes, y están acomodadas a nuestras queridas playas marinas argentinas. Bienvenido cada aporte, cada innovación, cada crítica y cada nuevo enfoque porque así es como crecen las organizaciones y las profesiones. ¡Avancemos!

¡¡¡Abrazo, colega, y buena temporada!!!

AGRADECIMIENTOS Y DEDICATORIA

No puedo dejar de agradecer en esta instancia a la dibujante Gabriela Campaña, residente de Mar del Plata, por sus hermosas ilustraciones y su paciencia. Al Profe Córdoba, mi entrenador y primer guardavidas que conocí en mi vida. ¡Gracias por el prólogo! A mi vieja que se pasó horas y horas de su vida esperando con una viandita a que terminara de entrenar, todavía me ceba mate en la playa… ¡Qué privilegiado soy! A mi viejo que me pasaba a buscar por la pileta cocinado de calor adentro del auto en pleno mediodía del verano cuando salía de trabajar, mientras yo salía fresquito del agua. A mi hermano Pedro, mucho mejor nadador que yo y que fue mi primer compañero de entrenamientos. A mis profes del curso de guardavidas (Dirección de Ed. Física de La Plata), por todo lo que NO me enseñaron y que tuve que aprender a los tumbos en la playa. A mis profes de los cursos de Buceo (A.P.A.S.) y conductor náutico con orientación a rescate (A.M.G.A.A.) validados por Prefectura Naval Argentina, por darme otra visión del medio acuático. A Fernando Mérida, amigo de tantos años y colega con mística de guardavidas. A Silvio Lapietra, compadre, confidente, ejemplo de persona y de colega, camarada de armas, compañero de puesto 23 temporadas seguidas y hermano de la vida, "El Último Bañero". Al "Indio" Muñoz que me enseñó tantas cosas del mar, de la playa, de la vida, y también de esta profesión. Al Sergio "Bocha" Suarez, también conocido como "Psicosis", el mejor jefe que tuve. A más de 25 años de haber dejado la jefatura todavía cuida de nosotros... A Alejandro Dadona del "Sector Especial" de Sta. Teresita, que me inculcó la seriedad y la camaradería deportiva en nuestro gremio. A Alberto Gonzalez de Estoa, Director del Curso de Guardavidas de Cruz Roja La Plata que nunca deja de mandarme aspirantes y que tanto me ha bancado. A los dueños de todas las empresas que tuvieron y tienen la paciencia de esperarme en mis trabajos cuando llegan las temporadas de verano. Ale Lopez y Claudio Catalano, gracias por haber confiado en mí hace mucho y seguir haciéndolo todavía. A mi hija Catalina, elegida cada año como la mejor compañera en su escuela, desde que nació es la turista más linda que uno puede tener en la playa. Y por último a mi hijo Lucas Chavarri, hoy bombero de Dina Huapi; la vida de un kayakista naufragado se la debemos a él, que aun siendo chiquito me alertó cuando apenas se veía en el horizonte. No puedo imaginar un compañero mejor que él, no existe ni existirá nadie que me acompañe con tanto amor, tantas horas, con tanto frío compartido, abnegación, historias y placer mutuo como lo hicimos nosotros dos por tantos años.

Muchísimas gracias a todos.

A USTEDES LES DEDICO ESTE LIBRO.

Libro editado por

Editorial Autores de Argentina